GODDESS GIRLS series:#18 HESTIA THE INVISIBLE by Joan Holub & Suzanne Williams
Copyright © 2015 by Joan Holub & Suzanne Williams
All rights reserved.
This Korean edition was published by RH Korea Co., Ltd. in 2020 by arrangement with Joan Holub & Suzanne Williams c/o EDEN STREET LLC through KCC(Korea Copyright Center Inc.), Seoul.

이 책은 (주)한국저작권센터(KCC)를 통한 저작권자와의 독점 계약으로 (주)알에이치코리아에서 출간되었습니다.
저작권법에 의해 한국 내에서 보호를 받는 저작물이므로 무단 전재와 복제를 금합니다.

올림포스 여신스쿨

18 부끄럼쟁이 헤스티아

조앤 호럽, 수잰 윌리엄스 글 • 김경희 옮김 • 싹이 그림

주니어 RHK

엄청나게 멋진 우리 독자 여러분, 고마워요!

에마 L., 카테리나 H., 제이든 B., 타이린 C., 카일리 B., 리아나 L., 패리스 O.,

매디슨 W.와 케이시 E., 느바에 H., 에이바 D., 대니카 P., 오브리 K., 에이바 C.,

트레나 J., 엘나 B., 패트로나 C., 케니 Y., 코코 Y., 그레시아 V., 야스민 V.,

맥케이 O.와 리스 O., 대니얼 H., 라이엔 R., 케이틀린 G., 메건 D., 앨리스 B., 리버슨 M.,

시앤 B., 엔드레야 B., 리안나 C., 레이철 C., 줄리아 K., 개빈 F., 아리엘 S.,

재스민 R., 소피아 O., 하퍼 M., 케이틀린 R., 해나 R., 카일리 S., 앤 H.,

안드레이드 가족과 앨버 C., 미치 S.와 브리아나 I., 셀비 린 J.와 버지니아 안나 J.,

릴리앤 S.와 마니 S., 트리니티 N., 밸러리 B.와 도나 B., 케이틀린 W., 마리암 Y.와 누르 Y.,

에이바 K., 수비라 J., 리사 A.와 페이턴 A., 캐시디 Y., 제이미 E.S., 코리 H., 에밀리 G.,

니키 K., 안나 K., 키라 J., 어맨다 W., 크리스틴 D.–H.와 카냐 S., 셸리 G.,

소피 G.와 제시카 G., 릴리아 L., 파올라 F.와 안드레아 F., 로렐라이 M., 캐시 G., 샘 R.,

아스파시아 K., 카라 F., 테스 S., 라나 W., 제니 G., 에마 J., 소피아 W., 서맨사 S.,

카미유 C., 비비언 Z., 매켄지 S., 레이철 B., 사브리나 C., 키라 M., 로리 F., 로한 T.,

류시후, 최주아, 정예서, 최예주

그리고 지금 이 책을 보고 있는 바로 당신!

* 여러분의 이름을 다음 편 〈올림포스 여신 스쿨〉에서 볼 수 있어요.
학교, 학년, 이름과 '올림포스 여신 스쿨' 열혈 독자 인증 한 줄 평을
아래 이메일 주소로 보내 주시면, 추첨하여 이름을 넣어 드려요.

sycho@rhk.co.kr

– 조앤 호럽과 수잰 윌리엄스

차례

　　　사 년 전 이야기　　•09

1　나의 상자　　•14

2　요리는 즐거워　　•36

3　혼자 밥 먹기 싫어　　•57

4　바꿔 보자!　　•73

5　여행 채비　　•85

6　북극 여행　　•97

7	갑옷	•117
8	짜잔!	•132
9	반쪽짜리 진실	•166
10	벽화	•181
11	사태 수습	•206
12	잔치	•229

사 년 전 이야기

"불씨 좀 얻을 수 있을까요?"

같은 마을에 사는 아주머니가 헤스티아의 엄마에게 다가와 물었다.

"점심에 수프를 끓이려 하는데 우리 집 화로 불이 꺼져 버렸어요. 그런데 댁에는 늘 불씨가 꺼지지 않는 것 같더라고요."

아홉 살 헤스티아와 엄마는 이런저런 행사가 자주 열리는 마을 광장을 걸어가고 있었다. 오늘은 먹거리 장터가 열리는 날이라 이웃 농부들이 수확한 작물을 팔러 광장에 왁자지껄 모여 있었다.

엄마가 아주머니한테 화로에서 불씨를 나누어 주겠다고 선뜻 대답하자 헤스티아는 어깨를 축 늘어뜨렸다.

'속상해! 엄마가 장에서 신선한 사과를 구하면 사과 파이 만드는 법을 알려 주겠다고 약속했는데, 빈손으로 돌아가게 생겼잖아.'

이제 헤스티아는 엄마와 함께 집으로 돌아가서 한 시간 전에 불을 피워 놓은 아궁이에서 불씨를 옮겨 주는 수밖에 없었다.

사실 헤스티아는 불을 일으키는 특별한 능력을 지니고 있었다. 그런데 부모님은 그 능력을 절대 남 앞에 드러내지 말라고 신신당부했다. 사람들이 헤스티아의 특별함을 받아들이지 못할까 봐 두렵기 때문이었다. 하지만 그 순간, 헤스티아는 부모님의 경고가 떠오르지 않았다. 그저 집에 갔다가 장터로 돌아오면 사과가 다 팔리고 없을 거란 생각뿐이었다.

"엄마, 잠깐만요!"

헤스티아의 엄마와 이웃 아주머니는 헤스티아가 광장 한가운데로 뛰어가는 모습을 놀란 눈으로 바라보았다. 헤스티아는 주변에 흩어져 있던 잔가지를 모아서 바닥에 차곡차곡 쌓았다. 그런 다음 두 손을 모으고 비밀 주문을 나직하게 중얼거렸다. 헤스티아의 손바닥에서 곧바로 작은 불꽃이 솟아났다. 헤스티아가 불쏘시개에 손을 대자 화르르 불이 붙었다.

"됐다!"

기분이 좋아진 헤스티아는 환하게 웃으며 뒤로 물러나 엄마 쪽으로 눈길을 돌렸다. 헤스티아는 잠깐 뭔가를 생각해 보더니 말을 꺼냈다.

"아예 이 불에 땔감을 계속 넣어서 마을 광장에 항상 불이 지펴져 있도록 하면 어때요? 그러면 사람들이 필요할 때마다 언제든지 불씨를 얻어 갈 수 있잖아요."

헤스티아는 마음속으로만 다음 말을 덧붙였다.

'그럼 맨날 사람들이 불씨 좀 나눠 달라며 우리 가족을 귀찮게 굴 일도 없잖아!'

그때 누군가가 외쳤다.

"저 애가 불을 일으켰어!"

헤스티아는 무심코 그쪽으로 고개를 돌렸다가 깜짝 놀라고 말았다. 마을 사람들이 주위에 잔뜩 몰려와서 경악한 표정을 짓거나 뭔가를 수군대고 있었다. 수백 개의 시선이 오직 헤스티아만을 향하고 있었다.

"마을에 공동 화로를 만들자니 좋은 생각인걸!"

"각자 매일 불을 지피느라 애쓸 것 없이 필요할 때마다 여기서 불씨를 얻어 가면 되겠네."

"우와, 그럼 불을 꺼트릴까 봐 걱정할 일이 없잖아!"

헤스티아는 엄마 쪽으로 주춤주춤 다가갔다. 그러고는 작은 손을 내밀어 엄마의 손을 꽉 마주 잡고서 얼른 엄마 치마 뒤에 숨었다. 마을 사람들의 관심이 너무나 부담스러웠다. 헤스티아는 들릴 듯 말 듯한 목소리로 속삭였다.

"엄마, 이제 사과 사러 가도 돼요?"

헤스티아는 단순한 행동 하나가 인생을 송두리째 바꿀 수 있다는 걸 전혀 몰랐다.

바로 다음 날, 헤스티아는 올림포스 학교 2학년으로 전학하라는 통지를 받았다. 헤스티아는 자신이 불멸의 존재라는 사실을 알게 되었고, 사람들로부터 '불과 화로의 여신'이라는 칭호도 얻었다. 신들의 제왕이자 하늘의 지배자인 제우스를 만나러 올림포스 학교에 가게 된 것이다!

1
나의 상징

사 년 뒤……

"오늘은 도자기에 관련된 수업을 하지 않을 거란다."

금요일 2교시 공예학 수업을 맡은 핀티아스 선생님이 아이들에게 알렸다. 핀티아스 선생님 뒤쪽의 선반에는 꽃병, 주전자, 단지가 주르르 놓여 있었다. 도자기 대부분에는 검은색 바탕에, 주황빛이 도는 갈색 선으로 올림포스 신들의 위업을 다룬 그림이 그려져 있었다. 이 아름다운 도자기 중 대부분이 바로 핀티아스 선생님의 작품이었다.

신나게 점토 포장을 벗기던 아이들은 실망감에 툴툴거리며 점토와 조각 도구, 붓을 치웠다. 하지만 열세 살 헤스티아는 안도의 한숨을 쉬며 반쯤 완성된 도자기 그릇을 선반에 다시 올려놓았다. 다른 아이들이 만드는 항아리나 그릇, 주전자는 하나같이 독특하고, 멋지고, 우아한데 헤스티아의 작품은 영 밋밋하게만 여겨졌다.

'이 정도는 인간 세상에 가면 아무 데서나 살 수 있는걸.'

아이들의 투덜거림을 들은 핀티아스 선생님이 뒤로 넘겨 묶은 갈색 머리를 쓱 매만지며 말했다.

"아, 걱정 마렴. 도자기 수업은 앞으로 계속될 거니까. 오늘은 다 함께 새로운 예술적 기법을 탐구해 볼 작정이란다."

올림포스 학교 선생님들은 대체로 영웅학을 가르치는 키클롭스 선생님처럼 나이가 많은 편인데, 핀티아스 선생님은 젊고 유행에 앞서가는 편이라 아이들 사이에서 인기가 아주 높았다. 도자기 빚는 일에 빠져 살다 보니 세상 모두가 자기처럼 도자기라면 좋아서 어쩔 줄 모른다고 여기긴 했지만 말이다. 하지만 적어도 헤스티아는 그 '세상 모두'에 속하지 않았다.

'도자기 빚기는 정말 내 취향이 아니라고.'

헤스티아는 의자에 깊숙이 기대어 앉아 빨간색 키톤 호주머니에 손을 푹 찔러 넣었다. 손가락 끝에 수첩이 닿았다. 헤스티아는 요리법을 연구하거나, 새로운 요리 아이디어와 재료가 갑자기 떠오를 때를 대비해서 늘 수첩을 지니고 다녔다.

'요리야말로 내가 사랑하는 예술이야!'

헤스티아는 차라리 수업 시간에 만든 예쁜 그릇과 주전자, 항아리에 채울 맛있는 음식을 만드는 데 자신의 창의력을 쓰고 싶었다.

"오늘은 흥미진진한 그래픽 디자인의 세계에 잠시 발을 들여 볼 거야. 여러분도 알다시피 일주일 뒤에 인간 세상에서 투표가 열릴 거란다. 올림포스 학교 학생 중 인간 세상에 가장 많은 도움을 준 신을 뽑아 그 업적을 기리려는 거지."

어리둥절한 표정을 짓던 아이들은 핀티아스 선생님의 설명이 끝나자 곧바로 인간 세상 공로상에 대해 알고 있는 바를 떠들기 시작했다. 핀티아스 선생님은 교실이 조용해질 때까지 잠시 기다렸다가 아이들 얼굴을 하나하나 훑어보았다. 헤스티아는 얼른 자세를 바꾸어 앞자리에 앉은 판도라 어깨 뒤로 얼굴을 가렸다.

'아, 무슨 일인지는 몰라도 핀티아스 선생님한테 이름을 불리고 싶지 않아.'

"여러분 중에 그런 상을 받을 만한 학생이 있을까?"

핀티아스 선생님이 아이들에게 물었다.

"여러분은 인간들이 더 행복하고 잘 살 수 있는 세상을 만들기 위해 뭔가 보탬이 되는 일을 한 적이 있나? 부디 그렇기를 바란다. 그건 옳은 일이니까. 하지만 후보 등록은 여러분 스스로 결정할 일이야. 만약 그렇다고 생각한다면 후보 명단에 이름을 꼭 올리기 바란다. 1등에게 주어지는 상이 아주 근사하거든."

판도라가 대뜸 질문을 던졌다.

"어떤 상인데요?"

핀티아스 선생님은 판도라 쪽으로 옅은 미소를 보내며 대답했다.

"최종 후보 열한 명을 축하하는 연회에서 당선자와 상이 공개될 거야."

보라색 눈동자를 가진 디오니소스가 곱슬곱슬한 앞머리를 휙 날리며 고개를 돌리더니 주먹 쥔 손으로 옆에 앉은 근육질 소년의 어깨를 장난스럽게 쿡 쥐어박았다.

"인간 세상에 도움을 준 일로 따지면 단연코 이 녀석이 최고지. 괴물 사자와 강철 부리를 가진 새 떼를 비롯한 온갖 괴물을 처치했잖아."

디오니소스가 장난스럽게 주먹을 날린 상대는 바로 헤라클레스였다. 헤라클레스는 한 마을을 아수라장으로 만든 괴물 사자와 싸워 이기고서 그 사자의 가죽을 망토처럼 두르고 다녔다.

"어, 고마워, 친구."

헤라클레스는 수줍은 듯 책상 옆에 세워 두었던 몽둥이를 빙빙 돌리며 덧붙였다.

"흠, 이 말은 꼭 하고 싶은걸. 열두 가지 과업 중에서 가장 힘들었던 걸 꼽으라면 역시 아우게이아스 왕의 가축우리에서 똥을 치우는 일이었어!"

"우웩."

몇몇 여자아이들이 인상을 찌푸리며 짜증을 냈지만, 헤스티아를 비롯한 나머지 아이들은 한바탕 웃음을 터뜨렸다.

인간인 헤라클레스는 올림포스 학교에 정식으로 입학하기 위해 힘든 과업을 열두 가지나 이루어 내야 했다. 그리스에서 가장 높은 올림포스산 꼭대기에 자리한 이 학교는 교장 선생님인 제우스가 직접 고른 학생만 다닐 수 있었다. 이 학교를 다니는 아이들 대부분은 불멸의 존재였지만 헤라클레스처럼 소수의 인간 학생도 있었다.

핀티아스 선생님은 인내심을 잃지 않고 계속 웃는 얼굴로 말을 이었다. 핀티아스 선생님의 목소리에서 자긍심이 느껴졌다.

"나는 여러 저명한 화가와 함께 올림피아에 있는 교장 선생님 신전에 멋진 벽화를 그리는 영예를 누리게 되었단다. 투표도 바로 그 신전에서 하게 될 거야. 새 벽화는 한쪽 벽을 거의 다 차지하게 될 텐데, 적갈색과 짙은 청색 등 보석 같은 색깔로 채워질 거야."

신이 난 핀티아스 선생님은 벽화에 사용될 기법과 재료에 대해 지나치게 자세한 설명을 늘어놓았다. 이런저런 몸짓까지 곁들여 설명하는 핀티아스 선생님의 두 눈이 반짝였다. 그 모습을 본 헤스티아는 어떤 사실을 깨달았다.

'새로 탄생할 벽화에 대해 선생님이 느끼는 감정이랑 학교 식당에서 새로운 요리법을 시도해 볼 때 내가 느끼는 설렘이랑 비슷하구나. 그렇다면 나도 선생님처럼 예술가인 거야! 선생님의 재료는 진흙과 물감이고, 내 재료는 밀가루와 양념 같은 먹거리인 거지!'

한참 뒤, 핀티아스 선생님의 정신이 드디어 지구로(정확히는 올림포스 학교로) 돌아왔다.

"에헴, 자, 그럼 오늘의 주제로 돌아가 볼까? 올림피아 제우스 신전의 벽화는 인간세상공로상선정위원회에서 뽑은 최종 후보 열한 명의 상징을 주제로 삼을 예정이란다. 신전을 방문

한 이들이 그 상징을 보며 자신의 선택을 떠올릴 수 있도록 말이야."

핀티아스 선생님이 책상 사이를 돌아다니며 설명을 시작하자, 아이들의 눈길도 부지런히 선생님을 따라 다녔다.

"아마 지금 여러분 머릿속에는 인간 세상 공로상과 오늘 수업이 무슨 상관이 있는지 궁금할 거야. 흠, 그래픽 디자인은 아주 매력적이면서도 전문적인 분야란다. 두루마리 잡지, 책, 방패, 각종 상품 포장, 상표 등 다양한 디자인을 아우르지. 오늘 수업에서 여러분이 할 일은 각자의 상징을 만드는 거란다. 자신의 고귀한 면을 가장 잘 드러내는 상징 말이야."

핀티아스 선생님은 빙긋 웃으며 윙크를 해 보였다.

"자신만의 상징이라면…… 제 사자 같은 건가요?"

헤라클레스가 묻자 핀티아스 선생님이 고개를 끄덕였다.

"바로 그거야. 인간들이 여러분을 어떻게 바라보면 좋겠는지 생각해 보고 그 점을 자신의 상징에 반영해야 해. 헤라클레스가 말한 예시처럼 여러분이 인간을 어떻게 도왔는지를 가장 잘 드러내는 상징을 골라 보렴. 최종 후보에 든 학생은 신전 벽화에 그 상징을 들고 있는 모습으로 그려질 거야. 이번 과제는 인간 세상 공로상 후보가 되지 않더라도 각자 성적에 반영될 거니까 최선을 다해 주길 바란다. 자, 그럼 시작해 볼까?"

이어 핀티아스 선생님은 아이들이 아이디어를 간단하게 그려볼 수 있도록 파피루스를 나누어 주었다.

"그럼 지금부터 15분 동안 각자 상징을 만든 다음, 다 함께 서로의 상징을 살펴보도록 하자. 뭔가 힘이 넘치는, 자신을 '짜잔!' 하고 드러낼 수 있는 이미지로 골라 보렴. 사람들에게 깊은 인상을 남길 수 있어야 해. 예를 들어 교장 선생님께서 상징을 만드신다면 전투에 쓰는 무시무시한 번개를 고르시겠지."

그러자 판도라가 대답했다.

"아, 알겠어요. 이 상징은 우리의 상표 같은 거죠? 교장 선생님은 번개 던지기로 유명하시잖아요? 두루마리 편지를 봉인할 때도 번개 문양 도장을 찍으시죠? 학교 전차 옆에도 번개 문양이 그려져 있잖아요? 그리고……."

"그렇지."

핀티아스 선생님이 끝없이 이어지는 판도라의 질문을 살며시 잘랐다. 그렇지 않으면 판도라가 남은 수업 시간 내내 질문을 퍼부어댈 테니 말이다!

넘치는 호기심 때문에 모든 말을 질문으로 하는 판도라를 보며 헤스티아는 속으로 생각했다.

'판도라의 상징은 무조건 물음표여야 해. 아, 잠깐. 판도라는 이미 물음표를 상징으로 쓰고 있구나.'

판도라는 앞머리가 물음표 모양이었고, 여학생 기숙사에서 입고 다니는 잠옷에도 물음표 무늬가 가득했다.

'판도라한테는 이 과제가 너무 쉽겠어. 휴, 좋겠다.'

헤스티아는 핀티아스 선생님이 준 파피루스로 눈길을 돌렸다. 갑자기 머릿속이 새 파피루스처럼 텅 비어 버렸다.

'날 나타내는 상징은 뭘까? 난 뭘 고르면 좋을까?'

헤스티아는 펜에 달린 깃털로 볼을 톡톡 치며 생각에 잠겼다. 이제 시간이 얼마 남지 않았다는 걸 깨닫자 익숙한 불안감이 마음속에 차곡차곡 쌓이기 시작했다. 헤스티아는 수업 시간 안에 해내야 하는 과제가 늘 버거웠다.

'이렇게 부담스러운 상황은 정말 싫어. 그냥 상징을 만들어 오라고 숙제를 내 주시면 찬찬히 생각하고 해낼 수 있을 텐데.'

헤스티아는 주위를 둘러보았다. 다들 열심히 그림을 그리느라 바쁜 듯했다. 헤스티아는 마른침을 꼴깍 삼켰다.

사실 인간 세상 공로상에서 대상을 받을 확률이 가장 큰 학생은 지금 이 수업을 듣고 있지 않았다.

'아테나는 제우스 교장 선생님의 딸이기도 하고, 똑똑해서

사람들에게 도움이 되는 발명품을 수없이 만들었잖아.'

아테나는 돛단배, 플루트나 트럼펫 같은 악기, 바느질과 뜨개질, 농부들이 밭을 더 쉽게 갈 수 있도록 돕는 쟁기 등 다양한 발명을 했는데 그중에서도 으뜸은 올리브였다. 올리브는 기름으로 등을 밝히고, 열매를 먹고, 나무로 집을 짓는 등 사용할 수 있는 방법이 아주 많았다. 아테나의 발명품들이 인간들에게 얼마나 큰 도움을 주었던지, 인간들이 아예 도시 이름을 '아테네'라고 지을 정도였다!

헤스티아는 파피루스에 펜촉을 대고서 다른 아이들처럼 열심히 그림을 그리는 척했다. 하지만 실은 낙서만 하고 있을 뿐이었다. 헤스티아는 아테나의 상징 중 하나인 부엉이를 그리려 했는데 그마저도 잘 되지 않았다. 꼭 고양이처럼 보이는 자신의 그림을 보며 헤스티아는 생각했다.

'아테나가 인간 세상 공로상에 지원한다면, 상징으로 쓸 거리가 너무 많아서 고르기가 어렵다는 게 문제일 거야.'

아테나는 지혜의 여신이라는 칭호도 지니고 있었고, 현명한 부엉이의 모습을 딴 장신구를 하기도 했다. 헤스티아는 아테나를 정말로 대단하다고 여겼다. 심지어 아테나는 아프로디테, 페르세포네, 아르테미스와 함께 올림포스 학교에서 가장 인기 많은 가디스 걸스(Goddess Girls) 응원단에도 속해 있었다.

"어때 보여?"

근처 책상에서 누군가 말하는 소리가 들렸다. 사랑과 미의 여신인 아프로디테가 분홍색과 빨간색 하트로 이루어진 꽃다발 그림을 판도라에게 보여 주고 있었다.

"예뻐. 넌 러브러브 클럽으로 외로운 사람들이 짝을 찾을 수 있도록 도와줬잖아? 그래서 이런 상징을 고른 거니? 네 도움을 받은 사람들은 전부 너한테 투표할 거야!"

"그럴까?"

아프로디테는 판도라의 대답을 듣고 기분이 꽤 좋은 듯했다. 헤스티아는 아프로디테가 분홍 리본을 엮어 땋은 금발을 예쁜 귀 뒤로 쓸어 넘기는 모습을 지켜보았다. 이어 아프로디테는 의자에 걸어 둔 분홍색 반짝이 핸드백에서 립글로스를 꺼냈다. 그러고 보니 핸드백과 키톤의 색이 완벽하게 어울렸다.

'두 가지 다 처음 보는 거네. 새로 샀나 봐. 아프로디테는 옷이랑 가방을 도대체 얼마나 가지고 있는 걸까? 수백만 개쯤 되는 거 아냐? 어쨌든 하나같이 다 예쁘고 아프로디테한테 잘 어울려!'

헤스티아는 사랑과 미의 여신인 아프로디테에 대해서도 좋아하고 부러운 마음을 품고 있었다. 하지만 헤스티아 자신은 아프로디테와 모든 면에서 정반대였다. 아프로디테는 사교적인 성격인 데다 패션 유행에도 민감했는데, 헤스티아는 부끄럼이 많고 패션에 대해서는 도무지 감도 오지 않았다.

'많은 사람이 아프로디테가 만든 러브러브 클럽 덕분에 행복을 얻었잖아. 아, 심지어 교장 선생님도 아프로디테 덕분에 헤라 님을 만나 결혼했고 말이야! 흐으음…… 판도라 말이 맞을지도 몰라. 인간은 짝을 찾고 싶어 하잖아. 어쩌면 아프로디테가 상을 받을 수도 있겠어.'

문득 주위를 둘러보니 다른 아이들은 이미 자신의 상징 밑그림을 적어도 한 가지 이상 완성한 듯했다. 하나같이 헤스티아는 생각해 내기 어려울 만큼 멋져 보였다. 헤라클레스는 사자 머리를 그렸고, 디오니소스는 희극과 비극을 연상시키는 가면을 그렸다. 학교에서 열리는 연극이란 연극은 모조리 디오니소스가 주연을 맡는 데다, 수많은 인간 극작가와 시인, 배우에게 영감을 주었으니 딱 어울리는 상징이었다.

헤스티아의 눈에 이리스의 파피루스가 들어왔다. 얼마 전, 이리스는 무지개를 타고 장거리 여행을 하며 괴물 티폰에게서 세상을 구했다. 무지개의 여신이 그린 그림답게 이리스의 파피루스에서는 알록달록한 무지개가 '짜잔!' 하고 소리치듯 보는 이의 눈길을 끌고 있었다!

이어 헤스티아는 핀티아스 선생님 쪽으로 눈길을 돌렸다. 선생님은 뜰에 놓인 해시계를 확인하고 있었다.

"1분 남았어."

시간이 부족했다. 새로운 불안감이 제우스의 번개처럼 헤스티아의 몸을 뚫고 지나갔다. 헤스티아는 머리에 떠오르는 대로 대충 그림을 그렸다.

"자, 그만."

헤스티아가 겨우 상징을 완성한 순간, 핀티아스 선생님이 아이들을 둘러보며 말했다.

"누가 먼저 발표해 볼래?"

곧바로 여기저기서 손이 쑥쑥 위로 올라왔다. 하지만 부끄럼 많은 헤스티아는 즉시 투명 인간 작전에 돌입했다. 일단 고개를 푹 숙여서 연갈색 곱슬머리로 얼굴을 반쯤 가렸다. 그리고는 등껍질 속으로 들어가는 거북이처럼 빨간색 두건을 푹 눌러 쓰고서 그림자 속에 얼굴을 숨겼다. 헤스티아는 엄마가 만들어 준 키톤에 일일이 두건이 있는 망토를 직접 달아 입었다.

'모습을 가리기에 두건만 한 게 없지. 게다가 귀엽잖아!'

헤스티아만의 '남의 눈길 피하기' 전략은 지난 사 년 동안 놀라울 정도로 잘 먹혀들었다. 게다가 올림포스 학교에는 선생님의 시선을 끌고 반 아이들 앞에서 발표하고 싶어 안달이 난 아이들이 넘쳐났으므로, 헤스티아의 전략은 늘 성공적이었다.

이번에도 투명 인간 작전이 여지없이 통하는 듯했다. 그러나 헤스티아의 보호막을 걷어 내어 버린 아이가 있었으니…… 그 아이는 다름 아닌 헤스티아 자신이었다.

사건은 수업이 거의 끝날 무렵, 올림포스 학교 역도 챔피언인 아틀라스가 자신의 상징을 들어 보이면서 시작되었다. 아틀라스가 그린 상징은 가로 평행선 두 줄이었는데, 두 줄 사이에 차이가 있다면 위쪽 선의 가운데가 볼록 튀어나와 있다는 것뿐이었다. 모든 아이가 '도대체 저게 뭘까?' 하는 표정으로 아틀라스의 상징을 쳐다보았다.

"언덕을 끼고 길이 나 있는 걸 나타낸 거야?"

판도라가 물었다.

"쥐를 삼킨 뱀인가?"

디오니소스도 고개를 갸웃하며 중얼거렸다. 그러자 아틀라스가 인상을 팍 찌푸렸다.

"아니야. 아니라고."

아틀라스는 기가 막힌다는 듯이 그림을 앞으로 내밀며 되물었다.
"딱 보면 모르겠어?"
헤스티아는 아틀라스가 애처롭게 여겨졌다.
'어쩜 나보다도 그림 솜씨가 더 엉망이네. 어쨌든 아틀라스는 천하장사로 이름났잖아. 뭘 그리려 한 건지 난 알 것 같아.'
아무도 정답을 맞히지 못하자 헤스티아는 용기를 그러모아서 한마디 던졌다.
"저건 근육이 불거진 팔이야."
아틀라스가 헤스티아를 바라보며 싱글벙글 웃었다.
"맞아! 근육이야. 내가 얼마 전까지 인간 세상이 박살 나지 않도록 하늘을 떠받치고 있었잖아. 하늘이 얼마나 무거운 줄 알아?"
헤스티아는 수업 시간이 얼마 남지 않았다는 생각에 슬슬 긴장을 풀고 있었고, 자신이 발표의 그물에서 완전히 벗어났다고 여겼다. 하지만 아틀라스의 그림에 대해 한마디를 툭 던지는 바람에 핀티아스 선생님의 눈길을 끌고 말았다. 아틀라스가 자리로 돌아가는 동안 핀티아스 선생님은 헤스티아를 빤히 쳐다보았다. 헤스티아는 이제부터 무슨 일이 일어날지 깨닫고서 주먹을 꽉 거머쥔 채 절망적인 기분으로 앉아 있었다.

이윽고 핀티아스 선생님이 헤스티아로서는 상상조차 하고 싶지 않은 바로 그 말을 꺼냈다.

"헤스티아, 아이들에게 네 상징을 선보여 주겠니?"

헤스티아는 그 자리에서 꽁꽁 얼어붙었다. 입이 바싹바싹 말랐다.

"어…… 저…… 저는."

헤스티아가 웅얼거리자, 아이들이 "뭐라고?", "쟤 뭐라고 했어?"라며 수군댔다. 더 잘 들으려고 귀에 손을 대거나 헤스티아 쪽으로 고개를 쭉 빼는 아이도 있었다.

"시간을 줘."

한 줄 건너편에 앉아 있던 소년 신이 아이들을 넌지시 말렸다. 모두에게 '아스카'라는 애칭으로 불리는 아스칼라보스는 검은색과 초록색이 줄무늬를 이룬 멋진 머리칼과 도마뱀 꼬리를 가지고 있었다.

모두의 관심이 자신에게 집중되자 헤스티아는 부끄러워서 두건을 푹 눌러 쓰고 의자 깊숙이 주저앉았다.

"헤스티아, 모두가 들을 수 있게 일어나서 발표하렴."

핀티아스 선생님의 목소리는 따뜻했지만 단호했다.

헤스티아는 바닥으로 꺼져 버리고 싶은 심정이었지만 선생님 뜻을 따랐다. 자리에서 일어나는 순간에도 어서 수업 종료를 알리는 리라 종이 울리기를 간절히 바랐지만, 운이 따라 주지 않았다.

헤스티아는 머뭇머뭇 그림을 들어 보였다. 하얀 파피루스 위로 뚜껑과 손잡이가 달린 커다란 그릇이 그려져 있었다.

"이건…… 솥이야."

"푸핫!" 하는 웃음소리가 교실 전체에 파도처럼 퍼졌다. 판도라는 헤스티아의 그림을 유심히 바라보며 물었다.

"솥? 냄비랑 다른 거야?"

헤스티아의 얼굴이 벌겋게 달아올랐다. 헤스티아는 절망적인 기분으로 고개를 주억거렸다.

'내 선택이 뭐 어때서? 요리는 내가 가장 좋아하고, 잘하는 일인걸.'

헤스티아는 특이한 요리보다는 무쇠솥처럼 단순한 도구를 이용해 평범하면서도 푸짐한 음식을 만드는 편이었다. 문제는 헤스티아가 요리를 좋아한다는 사실을 아는 아이가 별로 없다는 점이었다. 부끄럼을 심하게 타는 헤스티아는 자신이 요리를 얼마나 사랑하는지 남에게 밝히기를 어려워했다. 그러니 아이

들의 어리둥절한 반응은 당연했다.

"아궁이를 돌보는 여신에게 어울리는 상징이로구나."

핀티아스 선생님이 부드럽게 말을 꺼냈다.

"그런데 지금보다 조금 더 '짜잔!' 한 걸 고르면 어떨까? 이 상징은 남들이 너를 바라보는 관점에 영향을 미칠 거야. 너도 남들에게 밋밋해 보이고 싶지는 않을 것 같은데?"

"네. 음…… 그 점에 대해…… 좀 더 생각해 볼게요."

헤스티아는 우물우물 대답하고서 냉큼 자리에 다시 앉았다.

디리리링.

드디어 수업 종료 리라 종이 울렸다. 아이들이 가방을 주섬주섬 싸기 시작하자 핀티아스 선생님이 소리쳤다.

"인간 세상 공로상 지원 신청서는 월요일 아침 사물함 근처에 게시될 거란다. 지원할 때 어떤 상징을 쓸 건지 함께 적어야 하니까 주말 동안 잘 골라 보렴."

헤스티아는 무쇠솥 그림을 꾸깃꾸깃 접어서 가방에 쑤셔 넣고는 최대한 빠르게 교실을 떠났다. 아이들 반응에 마음이 여전히 쓰라렸다. 헤스티아는 다른 아이들과 눈을 마주치지 않으려 고개를 푹 숙인 채 들려오는 대화 소리를 밀어내려 애썼다.

'어떤 상징을 고르든 상관없잖아. 어차피 난 인간 세상 공로상에 지원하지 않을 거니까. 거대한 벽화 속의 자기 모습을 인간들이 우르르 몰려 와서 쳐다보길 바라는 아이도 물론 있겠지. 하지만 난 절대로 아니야!'

헤스티아는 복도를 걸어가다가 사물함 근처에 마련된 황금 음수대에 멈춰 섰다. 올림포스 학교 음수대에서는 물 대신 넥타르가 솟아났다.

헤스티아는 넥타르를 꿀꺽꿀꺽 들이마셨다. 방금 겪은 사건으로 상처받은 마음이 시원한 넥타르 덕분에 어느 정도 가라앉았다. 아무리 올림포스 학교 학생이라 해도, 인간이 넥타르를 마시면 아무런 반응이 나타나지 않았다. 하지만 불멸의 존재가 넥타르를 마시면 몸이 반짝반짝 빛났다. 여신인 헤스티아의 몸도 마찬가지로 더 환하게 빛나기 시작했다.

등 뒤로 지나가는 아이의 말소리가 들렸다.

"아궁이가 방이나 솥에 불을 때려고 만든 구멍 맞지?"

헤스티아는 살며시 뒤를 돌아보았다. 아프로디테가 친구인 페르세포네와 사물함에서 두루마리 교과서를 꺼내며 이야기를 나누고 있었다. 쉬는 시간의 학교 복도는 시끌벅적하기 마련이어서, 헤스티아는 아프로디테가 정확히 무슨 말을 하는지 제대로 들을 수 없었다. 그러나 아프로디테의 말 두 마디는 똑똑히 알아들을 수 있었다. 바로 '평범한 솥'과 '그 애 성격에 어울리는'이란 말이었다.

'아프로디테는 내가 냄비처럼 평범하다고 여기는 걸까?'

순간 헤스티아의 얼굴이 확 달아올랐다. 두건을 쓰면 남의 눈에 띄지 않는다는 사실이 갑작스레 더 고맙게 느껴졌다. 아프로디테와 페르세포네는 헤스티아 쪽을 전혀 쳐다보지 않았고, 잠시 후 그대로 자리를 떠났다.

'그래. 난 평범할지도 몰라. 그게 뭐 어때?'

생각은 그렇게 했지만, 솔직히 헤스티아는 아프로디테의 말에 마음이 쓰렸다. 누구나 어떤 식으로든 특별한 면을 지니고 싶기 마련이니까. 그건 헤스티아처럼 평범한 아이라도 마찬가지였다.

헤스티아는 늘 아프로디테를 부러워했다. 아프로디테는 너무나 아름다워서 남자아이들이 도무지 눈을 떼지 못했다. 그렇다고 헤스티아가 그런 관심을 바라는 건 아니었다. 헤스티아는 누가 자신을 빤히 쳐다보는 걸 좋아하지 않았다. 하지만 사실상 투명 인간이나 다름없는 상태도 별로 즐겁지는 않았다.

'그 중간 어디쯤이라면 딱 좋을 텐데. 그냥 나라는 아이가 있다는 걸 알아봐 주는 정도 말이야.'

헤스티아는 3교시 요리 실습수업을 위해 학생 식당으로 향했다. 타박타박 걸음을 옮기는 사이, 헤스티아의 마음에 변화를 불러오고자 하는 열망이 서서히 피어올랐다. 마치 아궁이에 불씨가 타닥타닥 피어오르는 것처럼.

2 요리는 즐거워

헤스티아는 학교 식당을 가득 채운 탁자와 의자 사이를 터덜터덜 지나갔다. 지금은 조용하지만 오전 수업이 끝나면 곧바로 배고픈 학생들로 시끌시끌해질 터였다. 헤스티아는 식당 끝의 조리실 문을 밀고 들어가 곧장 화덕 앞으로 향했다. 늘 그랬듯이 말이다.

헤스티아의 갈색 눈동자는 물을 반쯤 채워 둔 커다란 무쇠솥에서 그 아래에 쌓인 땔감으로 향했다. 조금 전 수업 시간에 헤스티아가 그린 그림이 바로 그 무쇠솥이었다.

'아프로디테가 보기에는 평범한 솥이라 내 성격이랑 딱 어울린다는 거지. 쩝.'

헤스티아는 몸을 숙이고서 직접 만든 마법 주문을 외웠다.

불꽃이여, 일어나
검은 어둠 밝히라.
세찬 불길 솟아나
강한 열기 전하라.

곧바로 땔감에서 조그마한 노란색 불길이 솟아올랐다. 헤스티아가 팔을 활짝 펼치자 불길이 주황색과 빨간색으로 변하면서 점점 커졌다.

'어머! 불이 너무 센 것 같은데.'

헤스티아가 다시 팔을 모으자, 불길도 따라서 조금 잦아들더니 타닥타닥 듣기 좋은 소리를 내며 타기 시작했다. 헤스티아가 순식간에 만들어낸 불길은 요리하기에 딱 알맞았다.

식당 주방장인 옥토 아주머니가 여덟 개의 손으로 부지런히 채소를 썰다가 헤스티아가 만든 불길을 보고 칭찬을 건넸다.

"우리 딸기, 잘했구나. 그렇게 열기가 딱 적당한 불을 금방 지피다니. 그런 재주를 가진 아이는 세상에 너밖에 없을 거야."

옥토 아주머니는 늘 주변 사람들을 음식과 관련된 애칭으로 불렀고, 말할 때도 항상 음식 이야기로 맛을 더했다. 헤스티아는 손을 씻으러 싱크대로 가며 밝게 대답했다.

"고맙습니다!"

헤스티아가 알기로는, 올림포스 학교 학생 중 헤스티아의 불을 만들어 내는 능력을 아는 이는 한 명도 없었다. 헤스티아는 손을 씻은 뒤 몸을 쭉 펴며 생각했다.

'그렇다 해도 상관없어. 난 자랑쟁이가 아니니까. 게다가 내 재능은 짝을 찾아 주는 아프로디테의 능력이나 헤라클레스의 힘, 올리브를 발명한 아테나에 비하면 별로 화끈하지 않잖아. 아, 올리브 생각이 난 김에……'

헤스티아는 옥토 아주머니 쪽으로 고개를 돌렸다.

"오늘은 올리브 빵을 만들어 볼까 하는데 괜찮죠?"

옥토 아주머니가 칼질을 멈추고 고개를 들었다.

"우리 알밤, 너 좋을 대로 하렴. 아이들은 네가 만든 음식이라면 뭐든 다 좋아하잖니."

옥토 아주머니는 솥에 물을 가득 채우고서 헤스티아가 불을 지핀 화덕에 올렸다.

헤스티아는 옥토 아주머니의 다정한 칭찬에 미소로 답하고서, 한쪽에 마련된 커다란 조리대로 갔다. 조리대 위에 빵 반죽이 담긴 그릇이 놓여 있었다. 헤스티아가 아침 식사 시간 전에 만들어 놓은 반죽은 어느새 두 배로 부풀어 있었다. 헤스티아는 그릇에 덮어둔 천을 벗기고서 반죽을 주먹으로 꾹꾹 눌렀다. 말랑말랑한 반죽을 만지면 어쩐지 마음이 차분해졌다. 공예학 수업 뒤로 속상했던 마음이 사르르 풀리는 듯했다.

탕! 탕! 탕!

옥토 아주머니는 여덟 개의 손을 모두 써서 채소를 썰고 그릇에 착 담아서 엄청난 양의 샐러드를 만들었다. 헤스티아는 씨를 뺀 올리브를 섞은 다음 다시 반죽을 치대기 시작했다.

'흐음, 이 빵에는 뭔가…….'

문득 핀티아스 선생님이 썼던 표현이 떠올랐다.

'그래. '짜잔!' 한 게 필요해. 누군가가 나한테 뭔가 대담하고 조금은 위험한 선택을 할 마음이 있냐고 묻는다면? 적어도 요리에 대해서만큼은 '얼마든지!'라고 답할 거야!'

헤스티아는 향기로운 로즈메리를 한 움큼 집어 반죽에 뿌렸다. 평소에는 빵 만들 때 소금이나 후추 정도만 쓰는 편인데, 오늘은 어쩐지 로즈메리와 올리브가 잘 어울릴 것 같은 예감이 들었다.

'내 판단이 옳아야 할 텐데. 점심 먹으러 온 아이들이 울상이

되어 툴툴거리면 곤란하잖아.'

헤스티아는 콧노래를 흥얼거리며 반죽을 손바닥으로 내리눌렀다. 그리고는 반죽을 반으로 접고 또 접은 뒤 여섯 덩이로 나누고 톡톡 쳐서 둥근 모양을 만든 다음, 쟁반에 담고서 다시 부풀기를 기다렸다. 요리 한 가지를 하려면 온갖 자질구레한 일이 따르지만, 헤스티아는 질리는 법이 없었다.

'나한테 부엌일이란, 음…… 뭐랄까. 새로 온 전학생 암피트리테 같은 인어가 바다에서 헤엄치는 것 같은 일이 아닐까 싶어.'

그때 옥토 아주머니가 샐러드 그릇을 집어 들더니 헤스티아에게 말을 걸었다.

"난 샐러드를 배식구에 가져다 놓고 올 테니 네가 얌브로시아 스튜를 먼저 시작해 주겠니?"

"네."

얌브로시아 스튜와 천상의 샐러드, 넥타르로니처럼 학교 식당에서 늘 나오는 메뉴 대부분은 지난 사 년 동안 헤스티아가 직접 개발하고 이름을 붙인 요리였다.

'요리 이름 짓기는 정말 즐거워. 근사한 이름이 더해지면 음식이 더 맛있게 느껴지니까!'

헤스티아는 옥토 아주머니가 손질해 놓은 참마를 비롯해 맛이 어울릴 만한 채소를 커다란 그릇에 착착 담고 화덕으로 갔다. 그사이 옥토 아주머니는 조리실 문을 열고 배식구 쪽으로 나갔다. 이번 교시가 끝나면 바로 점심시간이라 음식을 차려야 했기 때문이었다.

옥토 아주머니가 나가자 또 다른 식당 직원인 리사 아주머니가 쟁반을 든 채 조리실로 들어왔다. 리사 아주머니는 쟁반에 남은 음식 찌꺼기를 개미핥기처럼 기다란 코로 싹 빨아들였다. 헤스티아는 그 모습을 자주 보았지만, 저도 모르게 멈칫하게 되는 건 어쩔 수 없었다. 헤스티아가 멈칫하는 순간 들고 있던 그릇에서 얌 한 조각이 떨어져 바닥을 데굴데굴 굴러갔다.

"앗싸!"

리사 아주머니가 신이 나서 소리를 지르더니, 쟁반을 싱크대에 던져 넣고서 서둘러 얌 조각을 향해 달려갔다.

"으으음, 맛있어!"

얌 조각을 깨끗이 빨아들인 리사 아주머니는 일부러 눈썹을 들썩이며 웃긴 표정을 지어 보였다. 헤스티아는 그릇에 든 재료를 무쇠솥에 부으면서 활짝 웃었다.

"고맙습니다, 리사 아주머니."

올림포스 학교 식당과 조리실이 그토록 깨끗한 건 본이름이 '다치우리사'일 만큼 깔끔한 리사 아주머니 덕분이었다. 바닥과 식탁에 남은 음식 찌꺼기를 빛의 속도로 빨아들이는 리사 아주머니의 재능은 청소 시간에 그야말로 빛을 발했다.

"천만에. 냠냠냠, 맛 좋은 얌인걸."

헤스티아는 리사 아주머니의 농담에 풋 하고 웃음을 터뜨렸다. 여러 식당 아주머니 중에서 헤스티아는 리사 아주머니를 가장 따랐다. 올림포스 학교에 갑자기 전학 와서 외로움에 시달렸을 때, 리사 아주머니가 사실상 헤스티아를 구해 주다시피 했기 때문이었다.

식사 시간이 끝난 뒤 조리실 근처에서 서성이는 헤스티아를 본 리사 아주머니는 헤스티아에게 간단한 일을 맡기기 시작했다. 처음에는 채소 껍질을 벗기거나 쿠키 반죽을 맛보는 정도였다. 하지만 시간이 흐르면서 헤스티아는 훨씬 대단한 일도 해낼 수 있음을 증명해 보였고, 이제는 믿음직한 조리실 식구가 되었다.

헤스티아는 화덕 옆을 떠나 육수를 가지러 식품 저장고로 갔다. 조리실 안쪽에 마련된 식품 저장고는 작은 공간 안에 얼음이 차곡차곡 쌓여 있어서 늘 시원했다.

올해 초 리사 아주머니와 옥토 아주머니가 행정실에서 일하는 히드라 선생님의 허락을 받아 준 덕분에, 헤스티아는 매일 3교시에 수업 대신 요리 실습수업을 받았다. 헤스티아로서는 무엇과도 바꿀 수 없는 기회였다. 헤스티아는 실습수업을 통해 자신도 누군가에게 필요한 존재임을 인정받는 기분을 느꼈고, 올림포스 학교의 일원이라는 소속감도 훨씬 분명하게 느꼈다.

'사실상 내 삶을 바꾼 거나 마찬가지야. 훨씬 좋은 쪽으로 말이지.'

헤스티아는 식품 저장고에서 가져온 육수를 채소와 물이 담긴 무쇠솥에 부었다.

"흐으으음."

리사 아주머니가 냄새를 킁킁 맡더니 말했다.

"얌브로시아 스튜를 만드나 봐?"

"네."

헤스티아는 얌브로시아 스튜를 저을 주걱을 가지러 가며 대답했다.

"리사 아주머니 코는 절대 틀리는 법이 없네요. 이제 채소 몇 가지만 더하면 돼요."

리사 아주머니가 성큼 나섰다.

"내가 하마."

리사 아주머니는 옥토 아주머니가 썰어 놓은 채소를 싹 모아서 무쇠솥에 와르르 부었다. 그러다 실수 반, 고의 반으로 몇 조각을 떨어뜨리더니 얼른 코로 싹 빨아들였다.

"가는 네가 보렴."

헤스티아는 이제 리사 아주머니가 채소를 와그작와그작 씹으며 "간은 네가 보렴."이라고 하는 말도 제대로 알아들을 수 있었다.

"네."

헤스티아는 웃음을 참으며 고개를 끄덕였다.

언젠가 리사 아주머니가 얌브로시아 스튜의 간을 보았을 때, 후추를 너무 많이 뿌리는 바람에 학생들 목에 불이 난 적이 있었다. 리사 아주머니는 재료를 썰고 자르고 다지는 준비 과정은 잘했지만, 옥토 아주머니나 헤스티아처럼 요리법을 생각해 내거나 맛의 균형을 잡는 일에는 영 재주가 없었다.

리사 아주머니가 설거지를 하러 싱크대 쪽으로 가자, 헤스티아는 커다란 나무 주걱과 소금, 후추를 가지고 화덕 앞으로 갔다. 그러고는 무쇠솥 쪽으로 몸을 숙이고서 갖은양념을 넣고 저어 가며 간을 보았다. 커다란 무쇠솥을 보고 있으니 헤스티아의 머릿속에 문득 공예학 시간에 자신의 상징으로 솥을 골랐다가 아이들한테 웃음을 산 일이 떠올랐다.

헤스티아는 리사 아주머니에게 그 사건을 전했다. 그사이에 돌아온 옥토 아주머니가 헤스티아의 이야기를 듣더니 콧방귀를 흥 뀌었다.

"남들이 뭐라 생각하든 무슨 상추냐?"

"그러게 말이야!"

리사 아주머니도 짜증이 나는지 씻은 프라이팬을 조리대 위에 탕 내려놓았다.

"누구든 따끈한 식사를 몇 끼 걸러 보면 솥의 힘을 높이 사게 될 거야."

헤스티아는 고개를 끄덕였다.

"좋은 지적이세요."

식당 아주머니들은 친절하기도 하지만 지혜가 깊은 분들이었다. 울적한 마음을 털어놓으면, 아주머니들은 항상 헤스티아의 기운을 북돋아 주었다. 헤스티아와 아주머니들은 이런저런 이야기를 다정하게 나누며 나머지 음식을 장만했다.

헤스티아가 오븐에서 갓 구운 로즈메리 올리브 빵 여섯 덩이를 꺼내려는 순간, 갑자기 식당 문이 휙 열리더니 벽에 "쾅!" 하고 부딪혔다. 난데없이 제우스가 나타난 것이다(안타깝게도 제우스 교장 선생님은 자신이 얼마나 힘이 센지 자주 잊었다)!

"옥토 주방장님!"

제우스가 식당이 떠나갈 듯이 소리를 질렀다.

"지금 당장 얘기 좀 합시다!"

헤스티아는 자기 이름이 불린 것도 아닌데 깜짝 놀라서 가까운 조리대 뒤로 물러났다. 사실 지금까지 헤스티아는 한 번도 교장 선생님과 이야기를 나눠 본 적이 없었다. 전학 온 날은 제우스가 급한 일로 자리를 비우는 바람에 못 만났고, 그 뒤로도 면담 일정이 정해지지 않았기 때문이었다.

'교장 선생님은 내가 이 학교 학생인 걸 알고 계시기나 할까?'

키가 2미터가 넘는 제우스는 온몸에 근육이 울퉁불퉁 불거진 데다, 붉은 머리카락은 사방으로 휘날리고 새파란 눈동자는 상대를 꿰뚫을 듯 날카로운 빛을 발했다. 그러니 학생들은 교장 선생님을 보기만 해도 주눅이 들었다. 헤스티아도 예외는 아니었다!

하지만 주방장 옥토 아주머니는 눈 하나 깜짝하지 않았다.

"어쩐 일이세요?"

옥토 아주머니는 여덟 개의 손을 앞치마에 닦으며 차분하게 물었다.

"음식이 필요해요. 아주 많이!"

제우스가 산더미 같은 양을 강조하기 위해 두 손을 휘저어 보이자 식당 안으로 비쳐 들어온 햇살에 황금 팔찌가 번쩍번쩍 빛났다.

"다음 주 토요일에 잔치를 열 생각이에요."

옥토 아주머니가 고개를 끄덕이더니 깃털 펜과 수첩을 집어 들었다.

"흠, 모든 식당 직원들이 냄비에 든 팝콘처럼 바쁘게 튀어 다녀야겠군요! 참석 인원은 몇 명인가요? 모임 목적은 뭐죠?"

그때 제우스 뒤에서 한 남자가 성큼성큼 걸어 나왔다. 남자는 기다란 흰 모자를 쓰고, 빳빳하게 풀을 먹인 앞치마를 두르고 있었다.

"진두지휘는 내가 담당합니다."

남자가 오만한 태도로 말을 이었다.

"내 소개를 하지요. 나는 비티니아 왕국을 다스리는 니코메데스 왕의 전속 요리사 소테리데스라고 합니다."

리사 아주머니가 입을 떡 벌리더니 존경하는 눈빛으로 소테리데스를 바라보았다. 그런데 옥토 아주머니의 태도에는 변함

이 없었다.
"사공이 많으면 배가 산으로 가고, 요리사가 너무 많으면 음식을 망치기 쉽지요. 특히 '어떤' 요리사가 그렇죠."
헤스티아는 옥토 아주머니의 말에 궁금증이 들었다.
'혹시 저 사람을 아시나?'
어쨌든 옥토 아주머니가 소테리데스를 좋아하지 않는 건 분명해 보였다. 그런데 제우스는 전혀 눈치채지 못한 듯했다.
제우스는 소테리데스, 옥토 아주머니와 함께 참석 인원 수를 의논하기 시작했다.
"이 잔치는 인간 세상 공로상 최종 후보자와 수상자를 축하하기 위해서……."
제우스가 점점 말을 흐리더니 고개를 번쩍 들고서 냄새를 킁킁 맡았다.
"이 끝내주게 맛있는 냄새의 정체가 뭐죠?"
'그야 음식 냄새죠. 여긴 조리실이잖아요.'
헤스티아는 감히 말을 꺼낼 엄두가 나지 않아서 속으로만 대답했다.
"무슨 향신료 냄새인데……."
제우스는 깊이 생각에 빠진 채 행복한 표정을 지었다. 그러더니 자리에서 벌떡 일어나 냄새의 근원을 찾기 시작했다.

그사이 옥토 아주머니와 소테리데스가 몸을 숙이고서 낮은 목소리로 뭔가를 의논하기 시작했다. 음, 말이 의논이지 사실 말다툼이나 다름없었다.

그때 제우스가 오븐 주변에서 냄새를 킁킁 맡으며 말했다.

"아하! 찾았다. 오븐에서 뭘 굽고 있군."

"로즈메리 올리브 빵이랍니다."

옥토 아주머니가 깃털 펜으로 헤스티아를 가리키며 말했다.

"헤스티아가 오늘 식사에 나올 빵에 로즈메리와 올리브를 더하자고 아이디어를 냈어요."

제우스의 눈길이 헤스티아 쪽을 향하자, 헤스티아는 속으로 기겁하며 얼른 고개를 돌렸다. 그러고는 행주를 잡고서 이미 깨끗한 조리대 위를 열심히 치우는 척했다.

'조리실에 왜 학생이 있는지 의아해하시는 걸까? 혹시 내가 교칙을 어겨서 벌로 식당 청소를 하고 있다든가 뭐 그렇게 생각하시는 건 아니겠지? 실습수업에 대해 히드라 선생님의 허락을 받았지만, 그렇다고 교장 선생님도 이 일을 알고 있다는 보장은 없잖아.'

설사 헤스티아가 그곳에 있는 이유가 궁금하더라도, 제우스는 빵 냄새에 홀딱 반해서 물어볼 겨를이 없는 듯했다. 보고 있던 옥토 아주머니가 나서서 상황을 정리했다.

"빵이 다 구워지려면 조금 더 기다려야 해요. 이따가 완성되면 교장실로 한 덩이 보내 드릴까요?"

제우스는 기다려야 한다는 말에 조금 실망한 눈치였지만 고개를 끄덕였다.

한편, 헤스티아는 생각이 조금 달랐다.

'아, 옥토 아주머니는 어쩌자고 저런 제안을 하셨을까? 빵이 냄새만 좋고 맛은 없으면 어떻게 해? 내가 요리를 잘하는 편이기는 하지만 완벽하진 않은걸.'

잠시 후, 제우스와 소테리데스가 조리실을 떠났다.

'겁쟁이!'

헤스티아는 자신을 나무랐다.

'교장 선생님이 쳐다보았을 때 말을 걸었어야지. 그런데 난 말을 걸기는커녕 고개를 돌려 버렸어.'

헤스티아는 오븐 유리에 비친 자기 얼굴로 눈길을 돌렸다.

'난 왜 늘 이렇게 자신 없는 표정을 짓고 있는 걸까? 교장 선생님과 그 요리사 아저씨는 나를 뭐라고 생각했을까?'

공예학 수업이 끝난 뒤 헤스티아가 느꼈던 열망, 올림포스 학교에서의 삶과 자기 자신을 어떻게든 바꿔 나가고 싶다는 마음에 다시 화르르 불이 붙었다. 오븐 유리에 비친 헤스티아의 얼굴에 단호한 결심이 어렸다.

소테리데스가 조리실을 나가자마자 리사 아주머니가 서랍에서 예전에 나온 〈십대들의 두루마리〉 잡지를 꺼내어 옥토 아주머니와 헤스티아 앞에 펼쳐 보였다. 이름만 보면 십 대만 볼 것 같지만, 그 잡지는 어른과 아이, 인간과 불멸의 존재를 가릴 것 없이 모두에게 인기가 좋았다.

"여기 봐요. 아까 그 요리사, 엄청나게 유명해요!"

리사 아주머니는 소테리데스의 얼굴 그림과 한 페이지를 가득 채운 기사를 가리켜 보였다.

"흠! 거드름쟁이로도 유명하고 말이야."

옥토 아주머니는 잡지를 흘깃 보더니 투덜거렸다.

"그 양반, 설마하니 내가 자기 앞에서 절절맬 거라 기대하지는 않겠지. 우리는 지금껏 수많은 잔치를 치러 냈어. 얼마 전 교장 선생님이 템플 게임을 열었을 때 그 먼 곳까지도 음식을 만들어 보냈잖아. 왜 갑자기 우리한테 도움이 필요할 거라 여기시는지 영문을 모르겠네."

"교장 선생님이 여기 대장이니 따를 수밖에요. 그래서 어쩔 거예요?"

리사 아주머니의 말에서 옥토 아주머니가 따로 움직일 거라는 사실을 눈치챈 헤스티아가 먼저 대답했다.

"최고의 잔치를 열어야죠?"

"바로 그거지!"

옥토 아주머니가 나무 주걱을 들어 헤스티아를 가리키며 말했다.

"저 잘난 멸치 쪼가리 요리사 나리께서 어떻게 나오든 상관없이 말이야."

헤스티아와 리사 아주머니는 옥토 아주머니의 말이 의아해서 짐짓 눈빛을 주고받았다.

'왜 저렇게 이상한 이름으로 부르는 거지?'

그러나 둘은 일단 이야기의 방향을 다른 곳으로 돌리기로 하고 입을 열었다.

"제가 열심히 도울게요."

헤스티아가 약속하자, 리사 아주머니도 합세했다.

"우리만 믿으세요."

"우리가 남이냐? 우리는 하나다!"

옥토 아주머니의 구호에 맞추어 다 함께 손바닥을 짝 마주친 뒤, 두 아주머니는 점심 준비를 마무리하러 배식구로 향했다.

출입문이 닫히자, 헤스티아는 얼른 키톤 호주머니에서 수첩을 꺼냈다. 갑작스러운 제우스의 방문에 새로운 아이디어가 떠올랐기 때문이었다. 하지만 이번에는 요리와 관련된 내용이 아니었다.

'이건 새로운 나를 위한 요리법이야! 적어도 지금보다는 나아진 모습을 얻었으면 해.'

헤스티아는 언제나 해 보고 싶었지만 감히 엄두를 내지 못했던 일 다섯 가지를 쭉 써 내려갔다.

1. 점심시간에 누군가와 함께 앉아 보자.
2. 편을 들어 누군가를 지켜 주자.
3. 남자아이와 이야기를 나누어 보자.
4. 평소라면 하지 않았을 일을 해 보자.
5. 아주 대담한 요리를 만들어 보자!

3교시 끝을 알리는 리라 종소리와 함께 드디어 점심시간이 시작되었다. 헤스티아는 '새로운 나를 위한 요리법'을 얼른 호주머니에 집어넣었다.

'과연 내가 이 다섯 가지 과제를 다 해낼 수 있을까?'
헤스티아는 의심스러워하는 자신을 다독였다.
'옥토 아주머니 말씀처럼 막상 해 보면 누워서 파이 먹는 것만큼 쉬운 일이기를 바랄 수밖에!'

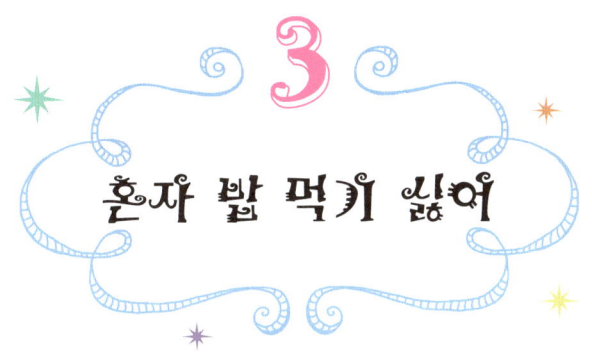

혼자 밥 먹기 싫어

　헤스티아는 마음 같아서는 매 끼니를 조리실에서 먹고 싶었다. 하지만 맛있는 향기가 솔솔 풍기는 로즈메리 올리브 빵을 오븐에서 꺼낸 다음 식히려고 조리대에 올려놓자마자 리사 아주머니가 조리실로 들어오더니, 여느 때처럼 헤스티아를 밖으로 내보냈다.
　"우리야 네가 함께 있으면 좋지만, 너도 네 또래와 함께 지내야지."
　사실 헤스티아는 여러 다른 상황에서도 리사 아주머니한테 같은 말을 자주 들었다.
　헤스티아는 마지못해 조리실을 떠나 식당으로 들어섰다. 아이들이 빠르게 모여들었다.

'아! 어른들은 가끔 우리 마음을 너무 몰라준다니까.'

헤스티아는 쟁반을 들고 배식 줄 끝에 섰다. 어느 자리에 가서 누구와 앉을지 생각만 해도 긴장이 몰려왔다.

헤스티아는 얼굴에 그림자가 드리우도록 두건을 아래로 살짝 끌어당겼다. 너무 푹 눌러 써서 으스스해 보이지 않도록 주의하며 나름의 준비를 마친 뒤, 헤스티아는 줄을 따라 배식구를 향해 천천히 움직였다. 바로 앞에 퀴도이모스와 마카이가 실없는 농담을 시시덕거리며 서 있었다. 이제 온 식당 안에 아이들이 떠드는 소리와 웃음소리가 가득했다. 헤스티아는 음식을 받자마자 잽싸게 앉을 수 있도록 식당 안을 둘러보며 빈자리를 찾았다. 줄에서 벗어나 다시 맨 뒤로 갈까 하는 생각도 들었다. 그러면 할 일도 생기고 시간도 벌 수 있을 테니까.

'친구가 없어서 혼자라거나 애처로워 보이지 않고, 바빠서 혼자 다니는 것처럼 보일 수도 있잖아.'

올림포스 학교에 전학 왔을 때, 헤스티아는 친구 사귀는 법에 대한 조언을 얻으려고 《가디스 걸 안내서》를 열심히 읽었다. 하지만 그런 안내는 찾을 수 없었다.

'《친구 사귀는 법 안내서》 같은 책이 있으면 좋을 텐데. 그럼

내가 가장 어려워하는 문제에 대해 답을 얻을 수 있을지도 모르잖아.'

헤스티아의 생각은 꼬리에 꼬리를 물고 이어졌다.

'누군가와 몇 번 정도 이야기를 나누어야 서로 친구라고 부를 수 있는 걸까? 다섯 번? 열 번? 스무 번? 백 번? 휴, 나처럼 부끄럼 타는 아이에게 그건 너무 엄청난 일이란 말이야. 게다가 대화만으로는 부족할지도 몰라. 어떤 일을 함께하는 사이라야 친구라고 할 수 있을 테니까. 예를 들어 슈퍼 파워 슈퍼마켓에 가서 함께 셰이크를 마신다든가, 불멸 쇼핑센터에 같이 가서 쇼핑한다든가 말이야.'

물론 헤스티아도 그런 일을 했다. 주로 혼자서 말이다. 헤스티아는 누군가한테 같이 가겠느냐고 묻기가 너무 수줍고 힘들었다.

'만약 거절당하면 어떻게 해? 그러면 내 마음이 산산이 부서지고 말 거야!'

이제 몇 걸음만 더 걸으면 배식구 앞이었다. 옥토 아주머니와 리사 아주머니가 아이들에게 오늘 메뉴인 천상 샐러드와 암브로시아 스튜를 열심히 나눠 주고 있었다.

헤스티아 앞에 서 있던 퀴도이모스가 리사 아주머니한테 쟁반을 내밀었다. 퀴도이모스와 마카이는 올림포스 학교에서 나름 유명했는데, 안타깝게도 좋은 쪽으로는 아니었다. 교칙을 어겨 식당 청소 벌을 가장 자주 받는 학생이 바로 그 둘이었다.

마카이가 퀴도이모스를 따라 움직이다가 실수로 헤스티아를 쟁반으로 쳤다.

"어…… 헬레나, 미안해."

마카이가 웅얼웅얼 사과했다.

'엉? 지금까지 너랑 나랑 여기서 최소 천 번은 마주쳤을 텐데 아직 내 이름도 모른단 말이야?'

헤스티아의 입에선 속마음과 다른 대답이 불쑥 튀어나왔다.

"괜찮아."

헤스티아는 도저히 자기 이름을 제대로 알려 줄 용기가 나지 않았다.

"여기 있다."

개미핥기처럼 긴 코를 가진 리사 아주머니가 퀴도이모스가 들고 있는 쟁반에 음식이 담긴 접시를 올려 주었다. 퀴도이모스가 음식을 살피더니 미심쩍은 눈빛으로 리사 아주머니를 쳐다보며 물었다.

"설마 여기에 개미 떨어뜨린 건 아니죠?"

"푸하하하. 오, 농담 끝내주는데!"

옆에 있던 마카이는 리사 아주머니가 자기 쟁반에 음식을 올려 주는데도 신나게 웃어댔다. 헤스티아는 둘의 무례한 태도에 움찔했지만, 리사 아주머니는 전혀 아랑곳하지 않고 퀴도이모스를 똑바로 바라보며 쏘아 물었다.

"그 맛난 걸 왜 너 같은 녀석에게 낭비하겠니?"

리사 아주머니는 일부러 코를 킁킁대며 너털웃음을 터뜨렸다. 퀴도이모스는 뭐라고 꿍얼거리긴 했지만 대꾸할 말이 떠오르지 않는 모양이었다.

"그러네요."

퀴도이모스가 마지못해 대답하더니, 마카이와 함께 투덜대며 쟁반을 들고 식사 공간으로 향했다. 헤스티아는 둘의 뒷모습을 바라보며 씩 웃었다.

'헤헤, 아주머니 승리!'

그때 리사 아주머니가 헤스티아의 미소를 보고 윙크를 하더니 속삭였다.

"상대가 날 무시하려 들 때 다 받아 줄 필요는 없단다."

이어 아주머니는 헤스티아의 그릇에 얌브로시아 스튜를 수북이 퍼 담고, 천상 샐러드와 두툼한 로즈메리 올리브 빵 두 조각을 올려 주었다.

"고맙습니다."

"이따 보자꾸나."

헤스티아는 리사 아주머니를 향해 방긋 웃고 뒤돌아섰다. 그러나 식사 공간이 눈 앞에 펼쳐진 순간 미소가 스르르 사라져 버렸다. 앉을 자리를 찾아야 할 순간이 오고 만 것이다.

헤스티아는 쟁반을 들고 타박타박 걸음을 떼며 생각했다.

'나한테 또래 친구가 전혀 없는 건 아니라고. 몇 명은 있어. 음…… 사실은 한 명이구나. 내 룸메이트 아글라이아 말이야.'

아글라이아는 건강의 여신, 좀 더 정확히 말하자면 건강한 사람이 뿜어내는 빛의 여신이었다. 그 사실을 증명해 보이기라도 하듯 아글라이아의 두 뺨에는 늘 혈색 좋은 분홍빛이 감돌았다. 그런데 헤스티아는 요즘 들어 아글라이아의 어여쁜 얼굴을 볼 기회가 거의 없었다. 함께 듣는 5교시 영웅학 수업에서 만나는 게 전부였다. 아글라이아가 대장장이의 신 헤파이스토스와 사귀면서 학교 대장간에서 보내는 시간이 많아졌기 때문이었다. 헤파이스토스와 함께 여러 가지 물건을 만드는 게 무척 즐거운 모양이었다.

'흐으으으음. 공통의 관심사를 찾으면 친구 사귀는 데 도움이 되는 것 같아. 우리 학교에 요리에 관심 있는 애가 있을까? 있다면 어떻게 알아내지? 직접 물어봐야 하나? 어휴, 내가 잘도 그러겠다!'

헤스티아가 마침 올림포스 학교에서 가장 인기 있는 남학생들 자리 옆을 지나갈 때, 진실과 예언과 음악의 신 아폴론이 로즈메리 올리브 빵을 집어 들었다. 헤스티아는 걸음을 늦추고 아폴론이 빵을 덥석 베어 무는 모습을 지켜보았다.

"우와!"

아폴론이 디오니소스에게 고개를 돌리며 말을 걸었다.

"이 빵 진짜 엄청 맛있어!"

그러자 디오니소스가 웃으며 농담을 던졌다.

"뭐야? 예언의 신이라면 먹기 전에 미리 맛을 알아야 하는 거 아냐?"

헤스티아는 빙그레 웃으며 걸음을 뗐다. 머릿속으로는 일부러 걸음을 멈추고서 "어머, 고마워! (까르르 귀엽게 한 번 웃고서) 실은, 그 빵 내가 만들었어. 마음에 든다니 기쁘네."라고 말하는 자신을 그려 보면서 말이다.

'어휴! 말을 걸 용기가 난다 해도 난 그런 말은 하지 않을 거야. 자기 자랑을 하면서 뽐내는 거 난 정말 못하겠어.'

헤스티아는 이제 식당 가운데에 서 있었다. 앉을 자리가 있을지, 혹시 아글라이아가 보이지 않는지 여기저기 살펴보았지만, 운이 따라 주지 않았다.

지금까지 헤스티아는 아글라이아가 없으면 아이들 눈에 띄지 않을 자리, 예를 들어 식당 맨 뒤쪽 모퉁이의 기둥 뒷자리 같은 곳을 골라 앉았다. 아니면 밥을 먹으면서 다음 수업을 위해 부랴부랴 숙제를 하거나 과제물을 읽는 아이들이 있는 자리로 갔다. 마침 앞쪽에 그런 아이들이 두어 명 앉아 있는 식탁이 보였다. 그 애들 맞은편에 앉아서 책을 읽는 척하며 식사를 하면, 따분하기는 해도 혼자 앉아서 밥 먹는 것보다는 덜 창피할 것 같았다.

'아냐!'

헤스티아는 깊게 심호흡을 하고서 다시 식당 안을 쭉 훑어보았다.

'오늘 안에 첫 번째 과제를 꼭 해낼 거야. 전혀 모르거나 잘 아는 사이가 아닌 아이와 함께 앉아 보는 거야. 한 스무 마디 정도 이야기도 나누고. 그게 어려우면 적어도 열 마디라도 주고받아 보자.'

헤스티아는 쟁반을 꼭 부여잡고서 두 눈을 꼭 감은 채 천천히 앞으로 걸어갔다.

'맨 처음 부딪히는 자리에 앉아도 되냐고 물어보자.'

그런데 마음의 준비를 할 틈도 없이 발에 뭔가가 세게 부딪혔다.

"아야!"

남자아이의 비명이 이어졌다. 헤스티아는 깜짝 놀라서 두 눈을 떴다. 공예학 시간에 보았던 도마뱀 꼬리 소년 신이 앞에 서 있었다.

'어머, 아스카잖아.'

한 손으로 쟁반을 들고 있던 아스카는 이를 꽉 악문 채 다른 손을 기다란 꼬리 끝으로 뻗었다.

'어머나! 내가 꼬리를 찼나 봐!'

퀴도이모스가 그 광경을 보았는지 옆에서 배를 잡고 시끄럽게 웃어댔다.

"이게 웃을 일이니?"

헤스티아가 나직하게 쏘아붙였다. 그런데 헤스티아의 목소리가 너무 작아서, 퀴도이모스 외에는 아무도 그 말을 듣지 못했다.

친구라고 분명하게 말할 수 있는 사이는 아니지만, 그래도

아스카는 공예학 수업 때 헤스티아에게 상냥하게 웃어 준 아이였다. 때때로 몇 마디 말을 나눈 적도 있었다. 그런데 하필 그 아스카의 꼬리를 차다니! 헤스티아는 너무 창피하고 미안했다.

"정말 미안해. 내가 앞을 제대로 보지 않았어. 괜찮니?"

아스카는 고통을 참으며 싱긋 웃어 보였다. 그러더니 고개를 끄덕이며 꼬리를 내려놓고서 쟁반이 흔들리지 않게 두 손으로 잡았다.

"이 정도로는 죽지 않아."

아스카의 꼬리가 살며시 땅에 내려앉았다.

"하지만……."

"정말 괜찮아."

아스카가 하던 말을 멈추더니 고개를 갸웃하며 헤스티아를 바라봤다.

"아, 누군지 알겠다. 헤스티아, 맞지? 아까 네가 그린 솥인가 하는 상징 말이야, 난 마음에 들더라."

헤스티아는 자신의 이름을 아스카가 제대로 알고 있고, 꼬리도 괜찮아 보여서 순간 기분이 좋아졌다. 그래서 먼저 나서서 가벼운 농담까지 던졌다.

"그래도 맘에 들어 한 애가 하나는 있었구나. 솥이 상징으로는 교장 선생님의 번개처럼 '짜잔'한 멋이 없긴 하지. 그런데 생각해 보면 무거운 무쇠솥도 무기로는 꽤 쓸 만할 거야."

"푸핫!"

아스카가 웃었다!

"그러네. 잘 조준해서 던지면 적을 쓰러뜨릴 수 있을 거야. 아, 투구로 써도 되겠구나."

헤스티아의 머릿속에 곧바로 대답이 떠올랐다.

'그보다 솥으로 음식을 만들어서 적에게 먹이면 아예 싸울 필요가 없게 될지도 모르지.'

하지만 헤스티아의 입술은 꽁꽁 얼어붙었다. 자신이 지금 남자아이와 이야기를 나누고 있다는 걸 깨달았기 때문이었다!

헤스티아와 아스카는 잠깐 몸이 굳어 버린 듯 어색하게 서 있었다. 그러던 중 몇몇 남학생들이 아스카를 불렀다.

"그럼 또 보자."

아스카가 활짝 웃으며 인사를 건네고서 자기 친구들 쪽으로 떠나자, 헤스티아는 한숨을 푹 쉬었다.

'왜 계속 이야기를 나누지 않았을까? 내 상징이 마음에 든다니 고맙다고 말할 수도 있었을 텐데. 아니면 꼬리를 차서 미안하다고 한 번 더 사과하든가. 아니면 적에게 음식 대접을 하면

어떨까 하는 생각을 말하든지.'

그 모든 가능성에도 불구하고 헤스티아는 수줍음 앞에 무너졌고 조개처럼 입을 꽉 다물고 말았다.

'아, 두 배로 짜증 나!'

헤스티아는 식당 안을 다시 둘러보았다. 이제 자리가 거의 다 찬 듯했다. 식당 뒤쪽에 둘만 앉을 수 있는 작은 식탁 하나만 비어 있었다. 헤스티아는 그쪽으로 걸음을 옮겼다.

학교에서 가장 인기 있는 아프로디테, 아테나, 페르세포네, 아르테미스가 늘 앉는 자리를 지나갈 때였다. 문득 자기 이름이 들린 듯한 기분에 헤스티아는 혹시 누가 자기를 불렀나 싶어 고개를 돌렸다. 하지만 아무도 헤스티아 쪽을 쳐다보고 있지 않았다.

'놀랍지 않아. 왜 날 관심 있게 쳐다보겠어?'

아무래도 잘못 들었나보다 싶어 다시 걸음을 떼는 순간, 아르테미스의 목소리가 들렸다.

"헤스티아? 아, 늘 두건 속으로 숨어드는 부끄럼 많은 애 말이야? 그 애 이름이 헤스티아야?"

헤스티아는 활쏘기 명수 아르테미스의 화살에 심장을 관통당한 것만 같았다. 분명 그 화살에는 헤스티아의 마음을 상하게 하는 마법 약이 발라져 있었으리라.

'두건 속으로 숨어들지는 않았어!'

헤스티아는 서둘러 걸음을 옮겼다.

'저 애들이 혹시라도 내가 그 말을 들었다는 걸 알면 날 불쌍하게 여길 거야. 그 전에 이 자리를 벗어나야 해.'

그런데 걸음을 옮기며 생각해 보니 오늘 아침 공예학 시간에도 두건을 내리고 얼굴을 감춘 기억이 떠올랐다.

'음, 내가 가끔 그런 식으로 숨기는 했나 봐.'

이어 헤스티아는 조금 전 배식구에 줄 설 때도 같은 행동을 했다는 걸 깨달았다.

'음, 가끔 그러는 게 아니라 더 자주 그러나 보네.'

그렇다 해도 헤스티아와 아르테미스는 지난 사 년 동안 헤스티아와 여러 수업을 같이 들었다.

'난 그 애 이름을 정확히 안다고! 아니, 이름만 아는 게 아니라 그 이상도 알고 있어.'

헤스티아는 마침내 빈 식탁에 도착해서 자리에 풀썩 주저앉았다.

'난 아르테미스가 악타이온이랑 사귀는 것도 알고, 아폴론이라는 쌍둥이 동생이 있다는 것도 알고, 그 아폴론도 활을 잘 쏜

다는 걸 안단 말이야.'

헤스티아는 올림포스 학교에서 가장 인기 있는 아르테미스, 아프로디테, 아테나, 페르세포네를 비롯한 다른 많은 아이에 대해서도 온갖 사실을 알고 있었다.

'나도 이 학교를 벌써 사 년이나 다녔다고. 그런데 마카이와 아르테미스는 아직 내 이름도 모른단 말이야?'

탕!

누군가 헤스티아 맞은편에 쟁반을 내려놓았다. 소문의 여신 파마였다. 헤스티아는 깜짝 놀라서 파마를 빤히 쳐다보았다.

"휴."

파마는 뾰족뾰족한 단발머리를 쓸어 넘기며 말했다.

"오늘따라 왜 이렇게 북적이는 거야?"

오늘도 어김없이 파마의 입에서는 구름 글자가 퐁퐁 솟아올랐다.

"같이 앉아도 되지?"

헤스티아의 입이 떡 벌어졌다. 파마와 같은 수업을 몇 번 들은 적이 있지만, 이야기를 나눈 적은 한 번도 없었다. 파마는 〈십대들의 두루마리〉 잡지에 매주 기사를 쓰고 있는데, 헤스티아한테서는 도무지 소문낼 만한 거리를 찾지 못하기 때문인지도 몰랐다.

　헤스티아는 새로운 누군가와 점심을 먹어 보겠다는 결심을 떠올리고서 겨우 입을 뗐다.

　"물론이지."

　이어 헤스티아는 방긋 웃어 보였다.

　'다른 자리가 다 차서 여기로 온 거라고 해도 뭐 어때? 내가 아니라 파마가 같이 앉아도 되냐고 물었지만 상관없잖아? 옥토 아주머니 표현을 빌자면, 그 정도는 적당히 버무릴 수 있다고. 이걸로 첫 번째 과제는 달성한 거야!'

　"고마워."

　파마가 인사를 하고 자리에 앉더니, 고개를 갸웃하며 헤스티아에게 물었다.

　"그러고 보니 모르는 애네. 넌 새로 온 전학생이니? 아니면 우리 학교를 잠깐 견학하러 온 거야?"

　'아윽! 정말 이러기야?'

4 바꿔 보자!

헤스티아의 미소가 차갑게 얼어붙고, 가슴이 철렁 내려앉았다. 지난 몇 년간 수업 시간에 투명 인간이 되기 위해 애쓴 노력이 통해도 너무 잘 통한 모양이었다. 오늘 하루 동안 헤스티아가 누구인지 알지 못하는 아이가 벌써 세 명이나 되었다.

'그나마 아스카가 알아 줘서 다행이야.'

헤스티아는 상처받은 티를 내지 않기 위해 최대한 밝은 목소리로 말을 꺼냈다.

"난 여기 2학년 때 전학 와서 지금까지 다니고 있어. 너랑은 3학년 때 미모학을, 작년에는 과학 수업을 같이 들었지. 내 이름은 헤스티아야. 헤, 스, 티, 아."

헤스티아는 자기 이름을 최대한 또박또박 알려 주었다. 그러자 파마의 갈색 눈동자에 놀란 빛이 가득 찼다. 파마의 눈길이 헤스티아의 두건으로 향했다.

"아, 기억난다. 맨날 교실 뒤쪽에 앉아서 거의 한마디도 안 하던 그 애구나!"

"어…… 으응, 맞을 거야."

헤스티아는 우물우물 대답했다. 자신에 대해 파마가 가지고 있던 인상을 들으니 너무 창피했다! 게다가 파마의 한 마디 한 마디가 구름 글자가 되어 허공에 둥둥 떠다니는 바람에 식당 안의 누구라도 그 내용을 볼 수 있었다. 하지만 헤스티아는 손을 들고 구름을 휘저을 자신이 없었다.

파마는 헤스티아가 짜증 난 걸 전혀 알아차리지 못한 채 로즈메리 올리브 빵을 집어서 한 입 베어 물었다.

"어머, 이 빵 진짜 맛있다!"

"고마워. 내가 만들었어."

헤스티아는 무심결에 대답해 놓고서 눈이 휘둥그레졌다.

'자랑할 생각은 전혀 없었는데 나도 모르게 말이 입 밖으로 튀어나오고 말았어. 나답지 않게 다른 아이의 주목을 받고 싶었나 봐. 지금, 바로 이 순간 누군가가 조금이라도 나란 아이를

알아봐 주면 좋겠어.'

"정말?"

파마가 되물었다. 파마의 두 눈은 호기심으로 빛났고 혀끝은 입가에 붙은 빵 부스러기를 핥느라 바빴다.

"응. 새로 생각해 낸 요리법이야."

헤스티아는 자랑스럽게 말을 이었다.

"오늘 아침에 만들었어."

그러자 파마가 두 팔을 식탁 위에 올리고서 헤스티아 쪽으로 고개를 들이밀며 물었다.

"그럼 넌 학교 조리실에서 일하고 있는 거야? 벌이라도 받는 거니?"

헤스티아는 이제 막 빵을 한 입 베어 문 참이라 고개를 끄덕이다가 다시 급히 가로저었다.

'아폴론이 아까 그랬지. 빵이 맛나다고. 맞아, 맛있어. 그런데 조금 질겨. 다시 만들면 반죽을 더 오래 부풀려서 부드럽게 만들어야겠어.'

헤스티아는 빵을 꿀꺽 삼키고서 대답했다.

"벌 받는 게 아니야. 난 요리를 좋아해. 그래서 행정실 히드라 선생님 허락을 받고 3교시에 식당 아주머니들 밑에서 요리

실습을 하고 있어. 가끔 그냥 가서 새로운 요리법을 시도해 볼 때도 있고."

"그렇구나!"

파마는 헤스티아에게 더 이야기해 보라는 듯 밝은 목소리로 맞장구를 쳐 주었다. 헤스티아는 잠시 머뭇거리다가 덧붙이고 싶은 말을 생각해 냈다.

"난 불과 화로의 여신이야. 내가 왜 부엌과 요리에 끌리는지 알겠지?"

헤스티아는 지금까지 아글라이아를 제외하고 누군가에게 자신을 이만큼 드러내 보인 적이 없었다. 그런데 파마가 관심을 보이자 말하기가 수월했다.

"와, 끝내준다."

파마가 얌브로시아 스튜를 떠먹으며 물었다.

"그럼 이 빵 말고 다른 요리 만든 것도 있어?"

"응. 지금 네가 먹는 얌브로시아 스튜도 마찬가지야."

헤스티아가 직접 이야기를 끌어가지 않고, 파마의 질문에 대답하는 식으로 이야기를 나누니 훨씬 덜 힘들었다.

"천상 샐러드랑 넥타르로니도 내가 생각해 냈어."

"헐, 난 정말 몰랐어!"

파마는 진심으로 놀란 듯했다. 그러더니 헤스티아를 보며 싱글싱글 웃었다.

"내가 모르면 다른 아이들은 알 리가 없지."

파마의 눈이 반짝반짝 빛났다.

"내가 〈십대들의 두루마리〉 잡지에 기사를 쓰는 거 알지? 내 독자들이 너에 관한 이야기를 읽으면 좋아할 거야. 언제 나랑 인터뷰하지 않을래?"

예상치 못한 제안에 헤스티아는 뒤로 주춤 물러났다.

'파마가 내게 관심을 보여 주는 건 기분 좋지만, 잡지 독자들이 나에 대해서 정말 알고 싶어 할까? 난 아프로디테처럼 화려하지도, 아르테미스처럼 운동을 잘하지도, 아테나처럼 똑똑하지도 않은데?'

"글쎄, 난 잘 모르……."

파마가 헤스티아의 말을 잘랐다.

"그냥 한다고 해 주라. 솔직히 널 아는 아이는 거의 없을 거야. 하지만 〈십대들의 두루마리〉 잡지에 기사가 나면 훨씬 알아보는 아이가 많아지겠지. 게다가 난 이번 주 기사 소재가 정말 필요하거든."

헤스티아는 잠시 생각해 보았다.

'여느 때 같으면 절대 안 한다고 했을 텐데. 난 주목 받는 걸 원치 않았으니까 말이야. 하지만 자신을 드러내지 않고 산다는 건 사실 투명 인간이나 다름없잖아. 무엇보다 난 변하기로 결심했고!'

헤스티아는 마음을 먹고 파마를 향해 방긋 웃었다.

"그래. 하자."

"좋았어!"

파마가 포크를 들고 살짝 춤까지 추며 소리쳤다.

"이따 수업 끝나고 어때?"

"오늘 당장?"

놀란 헤스티아의 목소리가 갈라져 나왔다.

"혹시 다른 계획이라도 있어?"

"어, 그건 아닌데."

대답해 놓고 보니 헤스티아는 자신이 너무 처량했다. 금요일 오후가 되면 다른 아이들은 모두 불멸 쇼핑센터나 슈퍼 파워 슈퍼마켓으로 구경하러 가거나 친구들과 운동장에서 뛰어놀 계획에 들떴다. 그런데 헤스티아는 조리실의 양념과 향신료를 알파벳 순서로 정리할 마음을 먹고 있었다.

"그럼 어디서 만나? 도서관? 아니면 내……."

"잠깐! 아, 잊고 있었네!"

파마가 헤스티아의 말을 자르더니 손가락을 딱 튕겼다.

"이따 수업 끝나고 북극에 가야 해. 얼음 조각 축제에 관해 특집 기사를 써야 하거든."

헤스티아의 얼굴이 침울해졌다. 한편으로는 그사이에 인터뷰를 기대하기 시작한 자신이 놀랍게 여겨졌다.

"괜찮아."

헤스티아는 실망을 감추려 애써 밝은 목소리로 대답했다.

"얼음 조각 축제라니 굉장히……."

"이러면 어떨까?"

파마가 세 번째로 헤스티아의 말에 끼어들었다.

"나랑 같이 축제에 가는 거야. 북극으로 가면서 인터뷰를 하면 되잖아!"

"정말? 그래, 나도 가 보고 싶어."

파마가 함께 가자고 나설 줄은 상상도 못했던 헤스티아는 갑작스러운 초대에 뛸 듯이 기뻤다. 인터뷰도 하고, 파마랑 함께 시간을 보내다 보면 친구가 될 수도 있을 것 같았다.

"그 두건은 따뜻해? 북극은 좀 춥거든. 얼음이랑 눈으로 덮여 있잖아."

파마는 마지막 얌브로시아 스튜를 떠먹으며 말을 이었다.

"아, 이건 참고삼아 알려 주는데, 가는데 한 시간 정도 걸릴 거야."

헤스티아는 넥타르를 마시며 대답했다.

"응, 괜찮아. 난 추위를 별로 안 타."

헤스티아는 자신이 추위를 안 타는 이유가 아마도 불을 만들어 내는 능력을 지녔기 때문일 거라고 늘 짐작하고 있었다.

"그럼 수업 끝나고 한 시간 뒤에 뜰에서 만날까?"

파마가 다른 곳에 반쯤 정신을 팔며 말했다. 파마의 시선은 퇴식구 쪽을 향해 있었다. 덩달아 그쪽으로 눈길을 돌린 헤스티아는 파마가 아프로디테를 보고 있음을 깨달았다. 오늘도 변함없이 멋진 아프로디테는 쟁반을 반납하고서 식당 문으로 향하고 있었다. 걸음을 뗄 때마다 아프로디테의 어깨에 걸린 분홍색 핸드백이 반짝였다.

"그래."

헤스티아가 대답하자, 파마는 곧바로 자리에서 일어났다.

"그럼 이따 보자. 난 아프로디테한테 저 멋진 핸드백을 어디서 구했는지 물어봐야 해. 독자들이 궁금해할 거야!"

파마는 작은 날개를 파닥이며 식당을 쌩하고 가로질러 날아갔다.

"이따 봐!"

헤스티아의 인사 소리는 점심시간 종료를 알리는 리라 종소리에 묻혀 버렸다. 파마가 깜박하고 쟁반을 두고 가 버리는 바람에 헤스티아는 그것까지 챙겨서 퇴식구로 향했다. 머릿속에는 벌써 오가는 길에 먹을 간식 생각이 가득했다.

퇴식구에 거의 도착할 즈음, 갑자기 아스카가 옆에 쓱 나타났다. 반투명하기까지 한 아스카의 몸에 깜짝 놀란 헤스티아는 하마터면 쟁반을 떨어뜨릴 뻔했다.

"어머낫!"

헤스티아는 비명을 지르며 몸의 중심을 되찾으려 했다.

"아, 미안해. 주변 환경에 섞여 들어 있었던 걸 잊어버렸어."

조금 전까지만 해도 식당 벽처럼 보이던 아스카의 몸이 점점 굳어지면서 소년의 형체로 돌아왔다.

"전문적인 용어로는 '위장술'을 쓴다고 하지."

아스카가 씩 웃으며 헤스티아가 들고 있던 파마의 쟁반을 받아 주었다.

"고마워!"

헤스티아는 내심 놀랐다.

'배려심이 깊은 아이구나!'

아스카는 헤스티아와 함께 퇴식구 쪽으로 걸어가며 말을 꺼냈다.

"파마가 너랑 인터뷰를 하고 잡지에 기사를 쓰겠다고 했나 봐?"

그걸 어떻게 아느냐는 헤스티아의 표정을 보더니 아스카는 허공을 가리켰다.

"구름 글자를 읽었어. 사실, 식당 안에 있는 아이들 거의 모두가 봤지."

헤스티아는 음식물 쓰레기를 버리고 쟁반을 퇴식구 안으로 밀어 넣고서 고개를 끄덕였다.

"응. 구름 글자를 순간 잊었네. 파마가 인터뷰를 하고 싶다고 나한테 먼저 제안을 했어."

아스카가 뭐라고 대답하기 전에 헤라클레스가 친구들과 함께 식당을 나서며 소리쳤다.

"어이, 아스카! 수업 마치고 가장 바깥쪽 운동장에서 깃발 빼앗기 경기를 한 판 할 거야. 너도 낄래?"

아스카가 헤라클레스 쪽으로 고개를 끄덕이며 대답했다.

"응. 이따 보자!"

'그렇구나. 위장 능력을 갖춘 아스카라면 깃발 빼앗기 경기를 엄청나게 잘하겠네. 아무도 눈치채지 못하게 살며시 다가가서 상대 팀 깃발을 가져올 수 있을 테니까.'

아스카가 생각에 빠진 헤스티아에게 다시 눈길을 돌렸다.

"그 인터뷰 말이야. 파마는 사실을 있는 그대로 옮기지 않을 때도 있으니 말을 조심해서 가려 하는 편이 좋을 거야."

아스카는 웃으며 얼른 손을 흔들더니 다시 벽으로 녹아들 듯 몸의 색깔을 바꾸며 식당을 떠났다.

헤스티아는 아스카의 뒷모습을, 혹은 뒷모습이라 짐작되는 지점을 가만히 바라보았다. 위장술 때문에 정확한 형체를 알아볼 수가 없었다. 헤스티아는 '무슨 말인지 모르겠어!'라고 소리쳐 묻고 싶었다.

'왜 그런 경고를 하는 거지? 아스카도 비슷한 경험이 있는 걸까? 아, 그리고 보니 파마가 예전에 아스카와 인터뷰를 하고 쓴 기사를 읽은 적이 있는 것 같아. 방으로 가서 책장 위에 쌓아둔 잡지 과월호에서 기사를 찾아봐야겠어.'

헤스티아는 서둘러 다음 수업 교실로 향하며 생각했다.

'인터뷰에 응한 게 부디 실수는 아니어야 할 텐데.'

헤스티아는 수업이 끝나자마자 학생 식당으로 향했다. 지금은 식사 공간이 텅 비어 있었다. 간식 코너 근처 식탁에 리사 아주머니가 앉아 〈특이한 먹거리〉란 잡지를 읽고 있는 모습이 보였다.

'흠, 저 잡지는 귀뚜라미 크레페나 애벌레 파이 같은 걸 소개하는 걸까? 곤충이 든 음식은 내 입맛에는 아닌데. 하긴 리사 아주머니가 어떤 음식을 좋아하든지 그건 아주머니의 개인 취향이지 뭐.'

헤스티아가 그릇에 담긴 사과를 집으러 다가가자 리사 아주머니가 고개를 들었다.

"여행 갈 때 간식으로 먹으려고요."

헤스티아가 말을 꺼냈다.

"파마가 함께 북극의 얼음 조각 축제에 가자고 초대했어요."

"그거 잘됐구나!"

리사 아주머니의 얼굴이 환해졌다.

"너희 둘이 친구인 줄은 몰랐는걸."

리사 아주머니가 잡지를 탁 접더니 자리에서 일어섰다.

"며칠 전에 네가 만든 암브로시아 초콜릿바도 좀 가져가렴."

"어, 다 먹은 줄 알았어요."

"내가 몇 개 챙겨 뒀단다."

헤스티아는 리사 아주머니를 따라 조리실로 향했다.

"파마랑 진짜 친구 사이는 아니에요. 음, 아직까지는요. 〈십대들의 두루마리〉 잡지에 저에 대한 기사를 싣고 싶다면서 북극으로 가는 길에 인터뷰를 하려고 같이 가자고 한 거예요."

"정말? 인터뷰를 한다고?"

리사 아주머니와 헤스티아는 문을 열고 조리실 안으로 들어섰다.

"정말 근사하겠는걸?"

리사 아주머니는 암브로시아 초콜릿바를 숨겨 둔 찬장으로 향했다.

"그래야 할 텐데요."

헤스티아는 리사 아주머니가 찬장 안을 이리저리 살피는 모습을 지켜보며 말을 꺼냈다.

"아스카, 그 도마뱀 꼬리를 가진 애요. 그 애가 저더러 말을 조심해서 고르라고 했어요. 파마가 사실을 있는 그대로 옮기지 않을 때도 있다면서요."

"흠, 너무 예민하게 반응하는 거 아닐까?"

리사 아주머니가 마침내 파피루스로 포장한 초콜릿바 두 개를 찾아 건네며 말을 이었다.

"'언론에 이름이 언급되면 내용이야 어떻든 무조건 좋은 일이다.'……어디서 그런 말을 읽은 것 같구나."

그러자 헤스티아가 씩 웃으며 농담을 던졌다.

"파마의 기사에서 보신 거 아녜요?"

리사 아주머니가 껄껄 웃음을 터뜨렸다.

"그럴 수도 있고."

웃음이 잦아들자 리사 아주머니가 고개를 갸웃하며 말했다.

"파마의 기사에 네 얘기가 나가서 사람들의 관심을 받으면, 인간 세상 공로상을 네가 탈 수도 있지 않을까?"

"그럴까요?"

솔직히 헤스티아는 그런 생각을 전혀 해 보지 않았다.

'좋은 생각이긴 한데, 내가 인간 세상에 봉사한 거라고는 아홉 살 때 마을에 공동 화로를 만들어 준 게 전부인걸.'

마을 공동 화로가 있는 곳은 어김없이 그 마을의 중심지가 되었고, 사람들은 언제든지 요리나 난방에 필요한 불을 얻어 갈 수 있었다.

'쓸모가 있긴 하지. 하지만 화덕이나 화로나 상징으로 쓰기에 보잘것없기는 매한가지잖아. 그림으로 그리기도 힘들고, '짜잔!' 하는 멋도 없고, 다른 학생들의 공로나 봉사에 전혀 견줄 만하지도 않고 말이야. 적어도 내가 보기에는 그래.'

리사 아주머니가 고개를 끄덕였다.

"인터뷰를 한다고 해가 되지는 않을 것 같구나."

리사 아주머니는 다시 잡지를 읽으러 식사 공간으로 나갔다.

헤스티아는 문득 조리대 위에 남은 로즈메리 올리브 빵 몇 조각이 있는 걸 보았다.

'북극까지 다녀오려면 아무래도 저녁 식사 시간에 맞추지 못할 거야.'

헤스티아는 서둘러 파마와 함께 먹을 샌드위치를 만들기 시작했다.

　가방에 음식을 잔뜩 담고서 식당을 나섰더니 30분 정도 여유가 있었다. 헤스티아는 기숙사 방으로 가서 룸메이트 아글라이아에게 외출 소식을 알리기로 했다. 그런데 막상 가보니 방이 텅 비어 있었다.

　자그마한 기숙사 방에는 양쪽 벽에 똑같이 생긴 침대와 책상, 옷장이 놓여 있고, 출입문 맞은편에는 학교 뜰이 내다보이는 창이 자리하고 있었다. 헤스티아는 창 너머로 혹시 파마가 약속 시간보다 일찍 도착하지는 않았는지 확인했다. 다행히 파마의 모습은 보이지 않았다.

　헤스티아는 일단 침대에 간식 가방을 내려놓고서 메모를 남기기로 마음먹었다.

　'내가 외출을 자주 하는 편이 아니니까 늦게까지 돌아오지 않으면 아글라이아가 걱정할 지도 몰라.'

　호주머니에서 수첩을 꺼낸 헤스티아는 먼저 아침에 썼던 '새로운 나를 위한 요리법'을 꺼내어 읽어 보았다. 헤스티아의 입가에 웃음꽃이 피어났다.

　'벌써 다섯 가지 중에 세 가지나 해냈어! 파마랑 같이 앉았고, 음…… 정확히 따지면 파마가 나랑 같이 앉았지만, 그래도 그

애랑 친구가 되기 위해 노력했으니까 그게 그거지 뭐. 그리고 남자아이 아스카와 이야기를 나눴어. 그리고 파마의 인터뷰 요청과 얼음 조각 축제에 가자는 초대를 받아들였잖아.'

헤스티아는 깃털 펜을 집어서 이미 달성한 목표에 멋지게 표시를 했다.

> 1. 점심시간에 누군가와 함께 앉아 보자. ✓
> 2. 편을 들어 누군가를 지켜 주자.
> 3. 남자아이와 이야기를 나누어 보자. ✓
> 4. 평소라면 하지 않았을 일을 해 보자. ✓
> 5. 아주 대담한 요리를 만들어 보자!

'이제 두 가지만 더 해내면 돼!'

헤스티아는 수첩을 다시 호주머니에 넣었다. 그러다 문득 책장 위에 쌓여 있는 예전 잡지들에 눈길이 갔다. 헤스티아는 아스카와 관련이 있었던 기사를 찾아보기로 마음먹었던 일이 떠올랐다.

책장에서 잡지를 내려 열심히 살펴보던 헤스티아는 예전에 파마가 진행했던 독자 투표를 발견했다. '올림포스 학교 최고

를 뽑아라!'라는 제목인데, 인간 세상 독자들이 스무 가지 항목으로 나눈 각 특징과 가장 잘 어울리는 아이를 투표로 뽑은 결과였다. 여학생 중에는 가장 공부를 열심히 하는 아이 아테나, 가장 예쁘고 화려한 아이 아프로디테, 가장 운동을 잘하는 아이 아르테미스, 가장 학교 정신이 투철한 아이 판도라 같은 이름이 보였다.

'당연히 내 이름은 어디에도 없구나. 만약 가장 눈에 띄지 않는 아이 항목이 있었으면 내가 맡아 놓은 거나 다름없었을 텐데 말이야.'

그 뒤로 두 권을 더 살펴보고 나서야 헤스티아는 원하던 기사를 발견했다. 아스카와 인터뷰를 한 파마가 아스카의 위장술을 자세하게 다루었는데, 기사 마지막 부분에 다음과 같은 내용이 들어 있었다.

만약 독자 여러분이 아스칼라보스와 마주치게 된다면 부디 그 아이를 놀라게 하지 말아 주세요. 겁을 먹으면 아스칼라보스의 도마뱀 꼬리가 떨어져 나갈 수 있으니까요. 그럼 엉덩이에 꽁지만 남게 된답니다!

'헐! 정말?'

헤스티아는 입을 떡 벌린 채 침대 위에 털썩 드러누웠다.

'아까 꼬리를 나도 모르게 찼을 때 놀라게 하지 않아서 정말 다행이야. 하마터면 꼬리가 떨어질 뻔했잖아! 아, 잠깐. 아스카가 그랬지? 파마는 사실을 있는 그대로 전하지 않을 때도 있다고. 흠, 그렇다면 이 꼬리에 대한 언급은 사실일까, 아닐까?'

헤스티아가 침대에 잡지를 내려놓자 두루마리가 저절로 "탁!" 하고 말렸다. 헤스티아는 아스카에게 꼬리에 대한 진실을 묻고 싶었지만, 괜히 그 이야기를 꺼내어 아스카를 언짢게 만들고 싶지 않았다.

'만약 꼬리가 떨어지면 진짜 아플 텐데, 괜히 기분까지 상하게 할 필요 없잖아.'

헤스티아는 잡지를 모두 모아서 다시 책장 위에 올려놓았다.

'흠, 어쨌든 파마한테 무슨 말을 할 때 조심스럽게 하긴 해야겠어. 하지만 너무 걱정하지는 말자. 리사 아주머니 말씀대로 언론에 이름이 나는 건 좋은 일이겠지. 게다가 이제 더는 투명인간으로 살지 않기로 했잖아? 인터뷰를 거절하는 건 최악의 결정일 거야.'

헤스티아는 창문 너머로 해시계를 확인해 보았다. 이제 몇

분 후면 파마를 만나러 나가야 했다. 헤스티아는 얼른 파피루스와 깃털 펜을 들고 메모를 남기기 시작했다. 그런데 그때 룸메이트 아글라이아가 문을 열고 방으로 들어왔다.

"아, 마침 왔네. 파마랑 같이 얼음 조각 축제에 가기로 했거든. 내가 어디에 갔는지 혹시 걱정할까 봐 지금 메모를 남기던 참이었어."

아글라이아가 예쁜 갈색 두 눈을 반짝이며 미소를 지었다.

"어머, 잘됐다!"

아글라이아는 키득거리며 한 마디를 얼른 덧붙였다.

"파마는 재미있는 아이니까, 여행도 재미있을 거야! 분명 그럴 거야!"

"어, 고마워."

아글라이아가 진심으로 기뻐하자 헤스티아는 기분이 조금 묘해졌다.

'나랑 같이 저녁에 놀러 갈 수 없어서 조금 섭섭한 척을 해 주면 좋을 텐데. 아글라이아는 내가 다른 친구를 사귀었으면 하는 걸까? 내가 아글라이아한테 너무 기대었던 걸까?'

아글라이아가 샌들을 벗으며 말을 꺼냈다.

"난 오늘 칼리오페랑 놀다가 그 방에서 자기로 했어."

"아, 그렇구나. 너도 재미있게 보내."

칼리오페는 올림포스 학교에서 과학을 가르치는 뮤즈 우라니아 선생님의 동생이었다. 암피트리테처럼 칼리오페도 얼마 전 전학을 왔는데 벌써 새 친구를 사귄 모양이었다. 헤스티아는 질투심에 마음이 아릿했다.

'아글라이아가 칼리오페랑 친해지면서 나랑 함께 보내는 시간이 점점 줄어들면 어떻게 하지?'

헤스티아는 이제 약속 시간이 다 되었음을 깨닫고서 아글라이아에게 인사를 했다. 그러고는 침대에 올려 둔 간식 가방을 챙겨서 후다닥 기숙사 계단을 내려갔다. 현관 앞 복도에 도착한 헤스티아는 신고 있던 샌들을 벗고 공용 샌들 바구니에서 날개 신들을 꺼내어 신었다. 뒤꿈치의 은색 날개에 끈이 감겨 있었지만, 아직 날아갈 때가 아니어서 그대로 현관문을 열고 화강암 계단을 내려갔다.

학교 뜰에는 많은 학생이 나와 오후 햇살을 즐기고 있었다. 대부분 작은 무리를 이루고 서서 웃고 떠들고 있었지만 계단에 앉아서 멍하니 풍경을 보기도 하고, 대리석 타일이 깔린 뜰에서 독서나 공부를 하거나 이 벤치, 저 벤치를 돌아다니며 친구들과 가벼운 인사를 나누는 아이도 있었다.

'아, 날아가기에 더없이 좋은 날씨로구나.'

뜰 한가운데 자리한 풍력계가 거의 움직이지 않을 정도로 하늘이 잠잠했다. 풍력계 가운데에는 유명한 조각가 피그말리온의 작품인 바람의 신 사 형제의 조각상이 자리하고 있었다. 보레아스, 제피로스, 노토스, 에우로스가 볼을 잔뜩 부풀린 모습이 어찌나 생생한지 당장이라도 입에서 바람이 뿜어 나올 것만 같았다.

헤스티아는 계단을 반쯤 내려가다가 파마를 발견했다. 밝은 주황색 뾰족 머리와 눈부시게 빛나는 주황색 날개 때문에 어디서든 파마를 쉽게 알아볼 수 있었다. 파마는 아이들 사이를 열심히 날아다니며 새로운 소문을 전하느라 한창 바쁜 듯했다. 헤스티아가 아는 한 파마는 전교생 중에서 가장 수줍음을 타지 않고, 누구에게나 다가가서 스스럼없이 말을 거는 아이였다.

'파마한테서 저런 면은 꼭 배워야겠어.'

헤스티아는 뜰을 가로질러 파마의 곁으로 갔다. 그러고는 가쁜 숨을 고르며 뒤돌아 있는 파마의 어깨를 톡톡 두드렸다.

"나 왔어. 그럼 출발해 볼까?"

북극 여행

"응, 난 준비됐어!"

파마가 헤스티아 쪽으로 고개를 돌리고서 대답하더니 자신이 이야기 나누던 아이들과 인사를 나누라는 듯한 눈짓을 했다. 인기 많은 아프로디테, 페르세포네, 아폴론, 아르테미스가 궁금증이 가득한 눈으로 빤히 바라보자 헤스티아는 얼굴이 빨개졌다.

'만약 애들 중 누구라도 나한테 넌 누구냐고 물으면 짜증이 나서 비명을 지를지도 몰라. 정말 그러려는 건 아니지만, 어쨌든 막 소리 지르고 싶을 거야.'

"어, 혹시 누군지 모른다면 얘는 헤스티아라고 해."

누가 말을 꺼내기 전에 파마가 먼저 소개를 했다. 그러더니 씩 웃으며 점심시간에 헤스티아가 했던 대로 이름을 또박또박 다시 불러 주었다.

"헤, 스, 티, 아."

이미 파마의 머리 위에 구름 글자가 떠 있기 때문에 그야말로 불필요한 행동이었다.

"오늘 점심 때 비어 있는 자리가 거기밖에 없어서 헤스티아 맞은편에 앉았거든. 그렇게 처음 만났어!"

'비어 있는 자리가 거기밖에 없어서라고?'

헤스티아는 두건의 그림자가 짙어지도록 고개를 살짝 숙였다. 부끄러워서 온 얼굴이 화끈거렸다. 이러다 주근깨마저 빨간색으로 바뀌지 않았나 싶을 정도였다. 헤스티아는 파마의 구름 글자가 멀리멀리 넓게 퍼져 가는 걸 보았다.

'일부러 그런 건 아닐 테지만 파마의 소개를 보면 난 완전히 인생의 패배자 같잖아. 패, 배, 자.'

어색한 침묵이 흘렀다. 그러자 페르세포네가 방긋 웃으며 헤스티아에게 다정하게 물었다.

"너희들 어디 가는 거야?"

헤스티아가 입을 여는데 파마가 먼저 대답했다.

"북극에서 열리는 얼음 조각 축제에 갈 거야. 〈십대들의 두루 마리〉 잡지에 특별 기사를 쓸 예정이거든."

이어 파마가 헤스티아에게 눈길을 돌리더니 웃으며 말했다.

"자, 그럼 가 볼까?"

파마는 헤스티아 몫까지 인사를 하더니 서둘러 출발하려 했다. 그 모습에 헤스티아는 조금 짜증이 났다.

'파마랑 친구가 되면 아예 말을 할 필요가 없겠어. 내가 할 말까지 파마가 다 할 테니까. 만약 그렇게 되면 편하기는 할 테지만, 내가 바라는 우정은 그런 게 아니야.'

헤스티아는 몸을 숙이고서 날개 샌들의 날개에 감긴 끈을 풀었다. 날개 샌들 끈이 발목을 휘감더니 뒤꿈치에 달린 은색 날개가 파닥이기 시작했다. 파마는 등에 날개가 달렸기 때문에 날개 샌들이 필요하지 않았다. 이윽고 둘은 세차게 속력을 내며 올림포스 학교 위로 날아올랐다.

올림포스 학교는 5층 높이에 운기가 흐르는 돌로 지어졌고, 사방이 이오니아식 기둥으로 둘러싸여 있어서 햇빛을 받으면 환하게 빛났다. 헤스티아가 가장 좋아하는 부분은 뾰족한 지붕 아래를 장식하고 있는 돋을새김 조각인데, 신들의 유명한 위업이 아름답게 표현되어 있었다.

'이 세상에서 올림포스 학교만큼 위풍당당하고 멋진 곳은 없을 거야.'

헤스티아와 파마는 수많은 작은 목장과 마을, 도시를 지났다. 북쪽으로 갈수록 집들이 점점 줄어들었다. 멀리 여행을 떠나는 일이 드문 헤스티아는 모든 게 신기하고 신났다. 수많은 소년 소녀 신들이 여기저기 돌아다니면서 근사한 일을 벌이는 것과 달리, 헤스티아는 집에 머무는 걸 더 좋아했다. 하지만 오늘은 헤스티아도 모험을 즐기고, 새로운 것을 마주하고픈 기분이었다.

한편 파마는 헤스티아에게 곧바로 인터뷰 관련 질문부터 던지지 않았다. 대신 둘은 수업이나, 다른 학생들 혹은 발아래 펼쳐진 풍경에 관해 이야기를 나누었다.

어느새 시간이 흘러, 둘의 발아래 검은빛을 띤 회색 바다가 음산하게 출렁이고 있었다. 파마가 부르르 떨며 망토를 여몄다. 헤스티아는 파마의 망토에 날개를 밖으로 낼 수 있는 작은 구멍 두 개가 나 있는 걸 알아차렸다.

파마가 아래쪽을 가리키며 말했다.

"으, 추워. 저길 봐. 날카로운 빙산이 바다를 떠다니고 있어. 이러다 목적지에 도착하기 전에 우리가 얼음 조각상이 되는 건 아닌지 모르겠네."

헤스티아가 풋 하고 웃음을 터뜨렸다. 다행히 헤스티아는 평소와 마찬가지로 별로 춥다고 여기지 않았다.

"간식을 먹으면 좀 나아질까? 이것저것 챙겨와 봤는데."

헤스티아가 팔에 걸고 있던 가방을 들어 올려 보이자, 파마가 신이 나서 고개를 끄덕였다.

"좋은 생각이야. 너무너무 배고프던 참이었거든."

끼룩끼룩!

헤스티아가 가방에서 간식을 꺼내려던 순간, 기러기 떼가 나타나더니 둘을 향해 똑바로 날아왔다.

"조심해!"

헤스티아의 외침을 듣고 앞을 바라본 파마의 눈이 휘둥그레졌다. 둘은 잽싸게 양옆으로 몸을 날려 기러기 떼와 충돌을 피했다.

"휴! 하마터면 큰일이 날 뻔했네. 지금이야말로 간식이 필요한 순간인 것 같아."

기러기 떼가 안전하게 지나쳐 가자, 헤스티아는 가방에서 샌드위치를 꺼내어 파마에게 건네주고 자기 몫도 꺼냈다.

"옳으신 말씀!"

파마는 허공에 뜬 채 샌드위치를 먹느라 날개를 열심히 파닥였다.

"음, 진짜 맛있어! 안에 뭘 넣은 거야?"

헤스티아의 얼굴이 자부심으로 환하게 빛났다.

"여러 가지 견과류랑 부드러운 치즈, 허브 등등을 넣어 만든 내 특제 소스를 발랐어."

헤스티아도 샌드위치를 한 입 베어 물더니 말했다.

"이야! 정말 맛있는데!"

파마와 함께 한바탕 신나게 웃고 난 헤스티아가 고개를 갸웃하며 덧붙였다.

"다음에는 양파를 조금 섞어 봐야겠어."

샌드위치를 냠냠 먹는 동안 파마가 드디어 질문 공세를 펼치기 시작했다. 처음에는 대답을 조심스럽게 골랐지만, 헤스티아는 이내 경계심을 풀고 말았다.

파마는 정말로 이야기를 나누기 수월한 상대였다. 헤스티아는 행복한 기분에 빠져들었다.

'친구를 사귀는 게 생각만큼 어려운 일은 아니었어.'

파마가 감탄을 터뜨리며 샌드위치를 깨끗이 먹어 치우자 헤스티아는 기분이 한층 좋아졌다. 사과도 하나씩 나누어 먹은 다음, 헤스티아는 파마에게 암브로시아 초콜릿바를 건넸다. 초콜릿바를 한 입 먹어 본 파마가 황홀한 표정을 지었다.

"정말 정말 정말 맛있어! 이것도 네가 만든 거니?"

헤스티아는 수줍게 고개를 끄덕였다. 누군가가 자신이 만든 음식을 즐기는 모습을 보면 헤스티아는 진심으로 행복해졌다.

"이틀 전에 만들었어. 다 먹어 치운 줄 알았는데 다행히 리사 아주머니가 조리실 찬장에 두 개를 숨겨 두셨더라고. 아주머니가 우리 먹으라고 주셨어."

파마가 의아하다는 표정을 지었다.

"리사 아주머니가 누구야?"

'아, 내가 애칭으로 불러서 누군지 헷갈리나 봐.'

헤스티아는 얼른 아주머니의 본이름을 말했다.

"너도 알잖아. 다치우리사 아주머니 말이야."

하지만 파마는 여전히 어리둥절한 듯했다.

"식당 아주머니 중 한 분이야. 코가 기다란 분."

"아, 그분. 음식 찌꺼기를 개미핥기처럼 쭉쭉 빨아들이는 분 말이야?"

헤스티아가 고개를 끄덕이며 대답했다.

"응. 리사 아주머니는 음식 취향이 좀 독특하신데, 성격이 정말 끝내주셔. 내가 조리사 수업을 받을 수 있도록 도와준 분도 그분이야."

"정말?"

파마의 눈이 호기심으로 반짝였다.

"좀 더 얘기해 줘."

헤스티아는 자신이 좋아하는 리사 아주머니에 대해 다른 누군가도 관심을 보이자 기분이 좋아졌다. 그래서 나머지 여정 동안 파마에게 리사 아주머니에 대해 자세한 이야기를 들려주었다. 또한, 리사 아주머니가 얌브로시아 스튜에 실수로 후추를 너무 많이 뿌리는 바람에 옥토 아주머니랑 셋이서 한참 웃었던 일처럼 재미난 사건도 알려 주었다. 파마가 그 이야기를 듣고 웃음을 터뜨리자 헤스티아는 기뻐서 빙그레 미소를 지었다.

"너에 대한 기사에 옥토 아주머니랑 리사 아주머니 이야기를 같이 써도 되지? 독자들이 아주머니들에 대한 일화를 좋아할 것 같아."

헤스티아는 망설여졌다.

'파마가 하도 매끄럽게 이야기를 끌어가는 바람에, 지금 기사에 쓸 정보를 모으고 있다는 사실을 까마득히 잊어버렸어. 그냥 이야기를 나눈다고만 생각했지 뭐야.'

헤스티아는 순간 아스카가 파마에 대해 했던 말이 떠올랐다.

바람이 점점 세차게 불었다. 헤스티아는 그다지 춥지 않았지만, 바람이 들지 않도록 두건을 단단히 여며 쥐었다.

솔직히 헤스티아는 파마의 마음을 어느 정도 사고 싶었다.

'잡지에서 자기 이야기가 나오면 리사 아주머니도 좋아할 거야. 그리고 리사 아주머니는 남들의 인정을 받아야 해. 파마를 비롯한 다른 아이들이 내 이름을 모르는 건 그렇다 쳐. 하지만 리사 아주머니가 그렇게 열심히 일하시는데도 아무도 그분 이름을 모른다는 건 말이 안 돼. 식당 아주머니들은 나만큼 투명 인간이나 다름없어. 음식에 문제가 생겨서 누가 거기에 대해 불평할 상대를 찾을 때 빼고 말이야! 학교 아이들이 옥토 아주머니와 리사 아주머니가 얼마나 멋진 분인지 알게 되면 여러모로 좋을 거야.'

헤스티아가 마침내 입을 열었다.

"괜찮을 것 같아. 두 분 다 네 기사를 읽으시거든. 적어도 리사 아주머니는 꼬박꼬박 챙겨 읽으셔. 그런데 먼저 두 분 허락을……."

"어머, 다 왔다!"

파마가 신이 나서 소리치는 바람에 헤스티아의 마지막 말은 흐지부지되어 버렸다.

헤스티아가 아래를 내려다보니 섬 하나 크기의 얼음판이 펼쳐져 있고, 그 위에 신들의 모습을 새긴 거대한 얼음 조각상이 곳곳에 서 있었다. 수많은 사람이 얼음 조각상 주변에 몰려들어 구경하느라 정신이 없었다.

파마가 한쪽을 가리키며 소리쳤다.

"저길 봐! 교장 선생님이야! 그러니까 내 말은, 교장 선생님 조각상이라고."

차갑게 빛나는 여러 얼음 조각상 사이로 제우스 조각상이 보였다. 천마 페가수스를 타고 한쪽 팔에 무시무시한 번개를 든 모습을 보자, 헤스티아는 순간 조금 전 파마와 나눈 대화를 까마득히 잊어버렸다.

"우와, 정말 대단하다! 아, 저기 아테나 조각상도 있어. 꼭 살아 있는 것 같아. 가까이 가서 보자."

헤스티아와 파마가 땅에 내려선 순간, 누군가가 메가폰을 들고 소리쳤다.

"심사 위원 여러분! 시작하세요!"

곧바로 근처 이글루에서 세 심사 위원이 불쑥 튀어나와 조각상 쪽으로 쌩 움직였다. 그쪽을 바라보던 헤스티아는 놀라서 입이 떡 벌어졌다. 심사 위원들이 얼음판 위에 쌓아 놓은 이끼 더미처럼 생겼기 때문이었다.

키가 각기 다른 이끼 더미 심사 위원들은 이끼 손에 메모판을 들고 조각상을 향해 힘차게 쭉쭉 미끄러져 갔다. 그러고는 한 번도 멈춰 서는 법 없이 메모판에 뭔가를 열심히 쓰며 각 조각상을 차례로 돌아다녔다.

겉모습만으로도 이미 아주 특이한데, 가장 놀라운 점은 셋이 눈알 하나를 서로 주고받고 있다는 것이었다! 아마도 눈알을 꼈을 때만 앞을 볼 수 있는 듯했다.

"저 이끼 더미가 심사 위원이야?"

헤스티아가 깜짝 놀란 목소리로 물으며 얼음판 위에 올라섰다. 헤스티아는 몸의 중심을 잃지 않기 위해 조각상 받침대를 잡으려 했지만 매끄러운 얼음에 손이 바로 미끄러졌다.

파마는 얼음을 매끄럽게 지치고 다니며 고개를 이리저리 정신없이 돌리고 다녔다. 혹시 기삿거리가 있는지 찾는 듯했다.

"응. 저분들은 그라이아이야. 우리 학교 상담 선생님."

"아, 들어 봤어."

헤스티아가 흥분해서 말을 이었다.

"저분들 좀 봐! 무슨 스케이트 선수 같아. 난 가만히 서 있기도 힘들어. 도무지 넘어지지 않고 이 미끄러운 얼음판을 걸어 다닐 자신이 없는데 말이야."

헤스티아의 판단이 너무 빨랐던 걸까? 가장 키 작은 그라이아이가 갑자기 조각상 뒷면을 향해 돌진하기 시작했다. 주변에 서 있던 구경꾼들이 충돌 사고가 날까 봐 놀라서 숨을 죽였다. 그런데 마지막 순간, 키 작은 그라이아이가 몸을 납작 엎드리더니 조각상의 다리 사이로 샥 빠져나갔다.

"우와아아아아아!"

구경꾼들이 환호성을 지르자, 세 그라이아이가 웃으며 손을 흔들었다. 그 순간 헤스티아는 셋 중 한 명만 치아가 딱 하나 있고, 나머지 둘은 입안에 아무것도 없다는 걸 깨달았다.

"저분들은 스케이트 실력도 좋지만, 고집도 아주 센 편이서."

파마가 헤스티아 곁으로 다가와서 설명했다.

"그래서 사람들이 심사를 맡겼나 봐. 상담실로 쓰는 이글루가 여기서 멀지……"

파마가 하던 말을 흐렸다. 이번에도 또 무언가가(혹은 누군가가) 파마의 호기심을 자극한 모양이었다.

"피그말리온이다!"

파마가 흥분해서 소리쳤다.

"이 중에 피그말리온이 조각한 게 있을까? 피그말리온에게 가서 이번 축제에 전시된 조각상을 어떻게 생각하는지 물어봐야겠어. 독자들이 알고 싶어서 죽을 지경일 거야!"

냉큼 얼음을 지치며 피그말리온 쪽으로 가던 파마가 문득 고개를 돌리고서 헤스티아에게 소리쳤다.

"이따 보자. 괜찮지?"

"응."

헤스티아는 진심이었다. 조용히 조각상을 살펴보고 싶은데 파마는 '조용함'과는 거리가 멀기 때문이었다. 헤스티아는 각 조각상 앞에 멈춰서서 조각가의 예술성에 감탄하며 한 줄 한 줄 이동해 나갔다. 처음에는 걸음을 뗄 때마다 이리저리 미끄러졌지만 조금 지나니 요령을 익힐 수 있었다.

'서두르지 않고 조심스럽게 움직이는 게 핵심이구나. 스케이트화를 신은 이끼 더미가 아닌 이상 이게 최선이야.'

아니나 다를까, 세 그라이아이는 실물 크기의 얼음 전차를 차례로 뛰어넘고서 머리가 셋 달린 케르베로스의 조각상을 빙글 돌며 메모판에 뭔가를 쓰고 있었다. 헤스티아는 그 모습을 보며 혀를 내둘렀다.

한편, 축제에 출품된 조각상은 무척 정교했다. 헤스티아는 헤라클레스가 사람들을 공포에 빠트린 네메아의 사자와 싸우는 장면을 보고 입이 떡 벌어졌다. 매섭게 달려드는 사자를 향해 헤라클레스가 몽둥이를 휘두르고 있는데, 팔의 힘줄까지 하나하나 묘사되어 있었다.

"우와!"

그렇다고 신이나 신화만이 주제가 아니었다. 괴물을 주제로 한 조각상도 꽤 많았다. 헤스티아는 올림포스 학교 야수학 수업에서 배운 괴물을 여럿 알아보았다.

'머리는 사자, 입에서 불을 뿜을 수 있고, 몸은 염소의 몸, 꼬리는 뱀의 꼬리. 아, 키메라로구나. 저건 머리는 하나, 팔은 둘, 몸통은 셋, 날개는 넷, 다리는 여섯. 게리온이야. 진짜가 아니라서 다행이지 뭐야. 게리온은 입 냄새가 그렇게 끔찍하다던데. 그 밖에도 용 조각상은 형태도 크기도 다양한 종류가 있네.'

마지막 줄에 다다랐을 때, 헤스티아는 아까 파마와 함께 도착했을 때 보았던 아테나의 조각상을 발견했다.

'우와! 지금까지 본 조각상하고는 차원이 다를 정도로 정교하네.'

갑옷을 입은 아테나가 무기를 든 채 제우스의 머리에서 솟아나는 장면이었다. 실제로 아테나는 그렇게 태어났는데, 인간이 듣기에는 이상할지 몰라도 불멸의 존재 사이에는 흔한 일이었다. 아프로디테는 심지어 바다 거품에서 태어났으니까!

헤스티아는 아름다운 조각상에 푹 빠져 있다가, 메모판을 든 세 그라이아이가 자신을 둘러싸고 있는 걸 깨닫고서 깜짝 놀랐다. 순간 몸의 균형이 무너지면서 헤스티아는 그대로 엉덩방아를 쿵 찧고 말았다.

"아야!"

당황한 헤스티아는 세 그라이아이를 번갈아 쳐다보았다. 세 그라이아이는 헤스티아 주위를 빙글빙글 돌기 시작했다. 그러고는 서로 눈알을 주고받으며 조각상을 심사하듯 헤스티아를 자세히 관찰했다. 그라이아이가 얼굴에 눈알을 밀어 넣을 때마다 "쩍!" 하고 소름 돋는 소리가 났다.

헤스티아가 비틀비틀 일어서자, 키가 가장 크고 치아를 가지고 있는 그라이아이가 말을 걸었다. 치아도 눈알처럼 돌려서 쓸 수 있는 모양이었고, 치아를 가지고 있어야만 말을 할 수 있는 듯했다.

"만들 때는 정성이 한없이 들지만, 금방 사라져 버리는 예술 두 가지를 말해 보렴."

놀란 헤스티아가 우물쭈물 되물었다.

"어…… 저 지금 시험 보는 건가요?"

세 그라이아이가 헤스티아 주위를 빙글빙글 돌며 고개를 끄덕였다.

'방과 후에 갑작스럽게 시험을 보다니 이건 좀 억울하잖아. 하지만 그라이아이 상담 선생님들한테는 이게 중요한 문제인 것 같아. 일단은 답을 찾아보자.'

헤스티아는 열심히 생각해 본 뒤 주위의 조각상을 손짓하며 대답했다.

"음, 여기 이 얼음 조각상들도 예술의 한 형태 맞죠? 만드는 데 시간이 아주 오래 걸렸을 거예요. 그런데 날씨가 따뜻해지면 금방 녹아 버리죠."

그때 두 그라이아이 사이에 약간의 틈이 벌어졌다. 헤스티아는 얼른 그 사이를 비집고 나가서 자리를 뜨려 했다. 하지만 중간 키의 그라이아이가 치아를 넘겨받더니 빙글 돌아서 헤스티아의 탈출구를 막고 물었다.

"그렇게 오래가지 못하는 성질을 가진 예술이 또 하나 있는데. 그게 뭘까, 헤스티아?"

헤스티아는 깜짝 놀라서 뒤로 주춤 물러났다. 그러다 또 몸의 중심을 잃고서 넘어지지 않으려고 팔을 허우적대며 안간힘

나머지 두 그라이아이가 헤스티아 곁을 빙글빙글 도는 동안, 가장 키 큰 그라이아이가 치아와 눈알을 한꺼번에 넘겨받았다.

쩍!

키 큰 그라이아이가 헤스티아를 위아래로 쓰윽 훑어보더니 아테나 조각상을 가리키며 물었다.

"불과 화로의 여신이여, 저 조각상이 마음에 드느냐?"

헤스티아는 순간 할 말을 잃고 눈만 끔벅였다.

'헉, 내 공식 명칭까지 알고 계신 거야?'

놀란 헤스티아는 더듬더듬 대답을 내어놓았다.

"어, 네. 멋있어요. 여기 조각상은 다 근사해요. 그런데 전 이 조각상이 가장 마음에 들어요."

키 큰 그라이아이가 고개를 갸웃하며 되물었다.

"어째서?"

가장 키 작은 그라이아이가 쌩하고 다가오자, 키 큰 그라이아이는 눈알과 치아를 넘겼다.

그사이 헤스티아는 곰곰이 생각해 보고서 대답했다.

"아테나가 입고 있는 갑옷이 아주 세밀한 곳까지 표현되어서 대단하다고 느껴져요. 그리고 무엇보다 살아 있는 듯 생생한 느낌이 좋아요. 제우스 님의 표정이 뭐랄까……. 아주 복잡해 보여요. 사랑, 자부심, 고통이 골고루 드러나 있달까요?"

키 작은 그라이아이가 동의한다는 듯이 고개를 끄덕였다.

"좀 더 설명해 주겠니?"

헤스티아는 잠시 생각해 보고서 다시 입을 열었다.

"교장 선생님이 아테나를 아끼신다는 건 모두가 아는 사실이에요. 아테나의 아버지잖아요. 가끔 '티니'라는 귀여운 애칭으로 부를 때도 있고, 아테나를 아주 자랑스러워 하시죠. 아테나는 정말 똑똑하니까요. 제 생각에 지금 이 조각상에서 아테나가 제우스 님의 머리에서 솟아나는 장면은 아테나의 총명함과 지혜를 상징하는 것 같아요. 하지만 실제로 그 일이 일어났을 때 제우스 님은 엄청 고통스러웠을 것 같아요. 두통이 엄청났겠죠? 그리고……."

헤스티아는 말을 흐리자, 치아를 넘겨받은 중간 키 그라이아이가 헤스티아를 다독였다.

"계속 말해 보렴."

나머지 두 그라이아이도 멈춰 서서 더 잘 들으려는 듯 헤스티아 쪽으로 고개를 숙였다.

'어, 귀는 나눠 쓰지 않으시나 보네.'

헤스티아는 혹시 빠져나갈 틈이 있나 싶어 주위를 슬쩍 살펴보았다.

'안 되겠네. 아, 파마는 대체 어디에 있는 거지?'

그라이아이 상담 선생님들은 헤스티아가 질문을 파고들어 깊이 있는 대답을 하기 전까지 포기할 마음이 없는 듯했다. 헤스티아는 하는 수 없이 다시 이야기를 시작했다.

"그러니까…… 뭐랄까, 제우스 님의 고통에는 다른 면도 있는 것 같아요. 제우스 님은 신 중에서도 가장 강력한 분이지만, 앞으로 아테나가 마주할 문제를 다 막아 줄 수는 없잖아요. 학교생활에서 겪는 어려움이나 여러 가지 실수, 혹은 불 뿜는 괴물을 만날 위험 같은 거 말이에요. 모든 걸 쥐락펴락하는 게 익숙한 제우스 님 같은 분께 그 점은 정말로 고통스럽게 여겨질 것 같아요.”

입술에서 마지막 말이 떨어진 순간, 헤스티아는 뭔가를 퍼뜩 깨닫고서 얼굴이 환해졌다.

“그래서 아테나가 갑옷으로 무장한 채 태어나는 거군요. 자신을 스스로 보호한다는 상징이에요!”

“흥미로운 생각이로구나.”

키 작은 그라이아이가 눈과 치아를 건네받고서 말했다.

“너도 지금껏 갑옷 덕분에 잘 지내긴 했지만 말이야. 이제 그만 그 갑옷을 벗을 때가 되지 않았니?”

“네? 제 갑옷이라니요?”

헤스티아는 어리둥절했다.

‘난 갑옷은커녕 투구도 없는데!’

키 작은 그라이아이는 아무런 설명도 해 주지 않았다. 대신 치아를 폭 하고 뽑아서 중간 키 그라이아이에게 넘겼다. 그러자 중간 키 그라이아이는 더 알쏭달쏭한 말을 했다.

“너의 빛을 그렇게 냄비 밑에만 숨겨 놓으면, 다른 이들에게 네 재능을 나누어 주지 않는 거야.”

‘빛? 냄비? 재능? 이게 무슨 소리지?’

헤스티아는 중간 키 그라이아이가 가장 키 큰 그라이아이에게 눈과 치아를 넘겨주는 모습을 어리벙벙한 기분으로 쳐다보았다.

"그건 너 자신을 속이는 일이란다."

키 큰 그라이아이가 결론을 짓는 듯한 목소리로 말했다.

"어…… 알겠어요. 고맙습니다. 명심할게요."

일단 대답은 그렇게 했지만 헤스티아는 도무지 무슨 영문인지 알 수 없었다.

그때 갑자기 세 심사 위원을 찾는 방송이 울려 퍼졌다. 헤스티아는 내심 안도의 한숨을 쉬었다. 세 그라이아이는 헤스티아에게 인사를 하더니 곁을 한 바퀴 빙글 돌고서 깃발 장식이 나부끼는 관람석을 향해 달려갔다.

"안녕히 가세요! 충고해 주셔서 고맙습니다!"

열심히 소리쳐 인사했지만, 사실 헤스티아는 어리둥절하기만 했다.

'진짜 이상한 상담 선생님들이야. 그 애매모호한 충고는 도대체 무슨 뜻이지?'

그런데 생각해 볼 틈도 없이 파마가 나타났다.

"무슨 일이 있었는지 맞혀 봐!"

흥분한 파마는 눈을 반짝이며 자기 질문에 자기가 먼저 대답했다.

"피그말리온이 오늘 우수 작품상 발표가 끝나면 나랑 인터뷰해 주겠대. 이제 곧……."

"여러분, 주목해 주십시오!"

축제 진행자가 메가폰을 들고 쩌렁쩌렁하게 소리쳤다.

"심사 위원들께서 수상자를 결정하셨습니다!"

헤스티아가 소리 나는 쪽으로 눈길을 돌려 보니, 관람석 앞 시상대에 세 그라이아이와 진행자가 함께 서 있었다. 진행자가 다시 메가폰을 들자, 축제장에 모인 구경꾼들이 모두 조용히 숨을 죽였다.

"올해 얼음 조각 축제 우수 작품상 수상자를 발표하겠습니다!"

세 그라이아이는 서로 치아를 주고받아가며 3등, 2등, 1등 순으로 수상자를 발표했다.

3등은 머리가 셋 달린 개 케르베로스 조각을 만든 작가에게 돌아갔다.

"하데스가 이 소식을 들으면 정말 기뻐하겠어."

파마가 헤스티아 쪽으로 고개를 기울이고서 속삭였다. 올림포스 학교 학생이면서 페르세포네의 남자 친구이기도 한 하데스는 지하 세계를 다스리는 신이었다. 무시무시하게 생긴 케르베로스는 하데스의 반려동물로 죽은 자의 영혼이 지하 세계를 빠져나가지 못하게 지키는 경비견이었다.

헤스티아는 마음에 들어 했던 〈아테나의 탄생〉이 2등을 받자 크게 함성을 질렀다. 그러고는 그 작품을 만든 여성 조각가가 상을 받으러 수상대로 올라가는 모습을 보며 진심으로 박수를 보냈다.

1등으로 뽑힌 〈헤라클레스의 첫 번째 과업〉은 알고 보니 세계적인 조각가 피그말리온의 작품이었다. 헤스티아는 아까 보았던 헤라클레스가 네메아의 사자와 싸우는 장면을 떠올리고서 그럴만하다며 고개를 끄덕였다.

〈주간 그리스 신문〉의 화가가 상을 들고 있는 피그말리온의 모습을 그리는 동안, 파마가 인터뷰를 시작했다.

"이름이 호명되었을 때 놀랐나요?"

피그말리온은 콧방귀를 뀌며 대답했다.

"전혀요. 이건 비전문가들을 위한 축제잖아요. 그러니 나같이 대단한 조각가한테는 경쟁거리가 아니죠. 축제 위원회에서 작품을 출품해 달라고 애걸해서 나온 것뿐이에요."

인터뷰를 마치고 올림포스 학교로 다시 돌아가는 길에 갑자기 파마가 턱을 하늘로 쳐들고서 피그말리온의 오만한 말투를 흉내 냈다.

"나에 비하면 다른 조각가들은 재능이라고는 눈곱만큼도 없는, 쓸모없는 인간들이죠."

헤스티아는 씩 웃으며 한 마디 덧붙였다.

"내 발끝도 못 따라옵니다!"

두 아이는 허공을 통통 튀어 다니며 신나게 웃어댔다. 헤스티아는 배를 잡고 웃다가 아예 공중제비를 한 바퀴 돌고서야 겨우 중심을 다시 잡을 수 있었다.

'피그말리온은 대단한 조각가지만 정말 오만한 사람이야.'

출렁이는 바다 위를 날아갈 때 헤스티아가 말을 꺼냈다.

"난 사실 〈아테나의 탄생〉이 1등이었으면 했어. 그래도 2등상을 받았으니 잘됐지 뭐."

그러자 파마가 흥 하고 코웃음을 쳤다.

"2등은 해서 뭐 하니? 언론의 관심과 칭찬은 전부 1등한테만 가는걸!"

"정말? 말도 안 돼. 여차하면 그 여성 조각가가 우승할 뻔한 거잖아. 수많은 구경꾼이 그 사람 작품을 보고 감탄하고 즐거

위했는걸. 그 조각가의 재능 덕분에 많은 이들이 행복해했어. 나도 그렇고 여러 사람이 그 작품을 보면서 하던 일을 멈추고 생각에 빠져들었는걸. 그건 중요하고 의미 있는 일이야."

"하!"

파마는 헤스티아의 주장을 전혀 받아들이지 않았다. 대신 이야기 주제를 슬쩍 바꾸었다.

"아까 보니까 그라이아이 상담 선생님들하고 이야기하고 있더라. 그분들 굉장히 이상하지?"

헤스티아는 고개를 끄덕여 보였다.

"그렇긴 했어. 자매들끼리 눈과 치아를 나누어 쓴다니! 식사는 어떻게 하는지 모르겠어. 이가 하나밖에 없으면 음식을 씹어 먹기 힘들 거 아냐?"

파마가 고개를 갸우뚱하며 말했다.

"흠, 번갈아 가며 밀크셰이크를 마시는 거 아닐까?"

"그럼 한 컵에, 빨대도 하나로 돌아가며 마실 것 같아."

두 아이는 또다시 허공을 통통 튀어 다니며 신나게 웃었다. 웃음이 잦아들자 헤스티아가 자세를 고쳐 잡으며 말했다.

"그라이아이 상담 선생님들은 생김새나 행동만 특이한 게 아니더라. 좀 이상한 얘기를 하시더라고. 무슨 말인지 통 이해할 수가 없었어."

헤스티아는 잠깐 생각하고서 덧붙였다.

"상담 선생님이니까 뭔가 도움 되는 얘기를 하신 걸 텐데 알쏭달쏭하기만 해."

"뭐라고 하셨는데?"

파마는 호기심이 돋는지 날개를 두 배로 빠르게 파닥였다.

"아니, 내가 갑옷을 입고 있다고 하시더라."

순간 세찬 바람이 불어 헤스티아의 두건이 벗겨졌다. 헤스티아는 두건을 고쳐 쓰고서, 그라이아이들이 갑옷과 냄비 등을 언급하고, 자신을 속이지 말라는 말을 했다고 알려주었다.

"내가 충고를 해 달라고 부탁한 것도 아닌데 말이야. 그렇게 애매한 충고를 바란 건 더더욱 아니고."

파마가 천천히 고개를 주억거리며 대답했다.

"그래. 하지만 네 말대로 그분들은 상담 선생님이잖아. 조언을 해 주는 게 그분들 일인걸. 시간이 지나면 무슨 말인지 깨닫게 돼."

발아래 육지가 펼쳐졌다. 헤스티아는 혹시 파마도 그라이아이의 상담을 받은 적이 있는지 궁금했지만, 굳이 물어보지 않았다.

'민감한 주제일 수도 있잖아.'

또다시 세찬 바람이 불어 두건이 벗겨지자, 헤스티아는 두건을 더욱 바싹 당겨 썼다. 그 모습을 보더니 파마가 물었다.

"넌 추위를 타지 않는다면서 두건은 왜 항상 쓰고 있는 거니?"

헤스티아는 어깨를 으쓱하며 대답했다.

"글쎄, 난 그냥 두건이 좋아. 쓰고 있으면 마음이 더 편해지거든. 폭 싸여 있잖아. 그리고…… 뭔가 좀 더 안전한 느낌이 들어."

파마가 의아하다는 표정을 지었다.

"더 안전하다니? 무엇으로부터?"

"나도 모르겠어."

헤스티아는 파마의 눈길을 피해 고개를 돌렸다.

"아마 내가 마주하고 싶지 않은 일로부터? 예를 들면 수업 시간에 선생님한테 지목을 받는다든가, 난 바라지 않는데 남들 눈에 띄는 일 같은 거 말이야. 난 부끄럼이 많아서 두건이 일종의 보호 장치 같은 거야."

"일종의 투구 같은 거네?"

헤스티아가 고개를 주억거리며 대답했다.

"방패일 수도 있고. 뭐랄까 일종의……."
"갑옷!"
둘이 동시에 외쳤다.
'너도 지금껏 갑옷 덕분에 잘 지내긴 했지만 말이야. 이제 그만 그 갑옷을 벗을 때가 되지 않았니?'
헤스티아는 그라이아이의 충고를 찬찬히 되뇌어 보더니 나직하게 중얼거렸다.
"그분들은 내가 키톤에서 두건을 떼어 내길 바라시나 봐."
저 멀리 지평선 위에 우뚝 솟은 올림포스산이 점차 가까워지고 있었다. 파마가 헤스티아를 다정한 눈빛으로 바라보더니 입을 열었다.
"난 부끄럼 타는 일이 거의 없거든. 말을 한다는 건 내겐 너무 쉬운 일이라서 말이야. 나로서는 듣는 귀가 많으면 많을수록 더 좋아."
헤스티아는 빙그레 웃으며 대답했다.
"그래 보여! 그런 점에서 넌 행운아야. 나도 너 같은 성격이면 좋을 텐데."
그러자 파마가 진지한 얼굴로 대답했다.
"모두가 나 같으면 너도나도 말하겠다고 나서서 결국 아무도 말 한마디 제대로 못 할 거야."

이제 산꼭대기에 자리한 올림포스 학교의 모습이 점점 선명하게 보였다.

"어쨌든 사람들이 너에 대해서 알아갈 수 있도록 누군가 좀 거들어 줄 필요가 있겠어."

파마는 눈을 반짝이며 말을 이었다.

"마침 내가 그 일에는 딱 적격이잖아? 올림포스 학교의 모두가 네 이름뿐 아니라 너에 대해 모든 걸 알게 해 주겠어!"

신이 난 파마가 헤스티아를 와락 끌어안은 순간, 거센 기류가 불어닥쳤다. 둘은 이대로 기류에 휘말려 나동그라지지 않도록 얼른 떨어져서 비행을 계속하려 애썼다.

솔직히 헤스티아는 심장이 철렁했다. 기류 때문이 아니었다. 헤스티아는 아주 내향적인 성격이라 남들이 자신의 '모든 것'에 대해 알게 될 수 있다는 말에 정신이 아득할 지경이었다. 하지만 솔직히 설레는 마음도 없지 않았다.

'그라이아이 상담 선생님들이 했던 조언도 결국 같은 내용이잖아. 리사 아주머니도 언론에 나오는 건 좋은 일이라고 했고 말이야. 파마가 날 좋게 봐서 도와주려는 거겠지? 그렇겠지?'

짜잔!

다음 날 토요일, 헤스티아는 학교 식당에서 거의 온종일 시간을 보냈다. 헤스티아는 점심 식사와 저녁 식사 준비를 도우면서 짬짬이 옥토 아주머니와 함께 다음 주 토요일에 있을 잔치 메뉴를 구상했다. 그리고 불행히도(혹은 보는 시각에 따라 다행히도) 소테리데스가 자기 의견을 전하기 위해 조리실에 왔다.

"내가 구상한 핵심 요리 메뉴를 제우스 님께 보여드렸더니 좋다고 하셨어요. 이제 전채와 후식만 정하면 되겠군요. 전채는 염소 치즈를 올린 이탈리아식 토스트와 구운 포도, 새우와 토마토로 속을 채운 타르트, 바질을 갈아 넣은 암브로시아 요구르트 소스와 피타 빵으로 하죠."

옥토 아주머니는 여덟 개의 팔을 둘씩 짝을 지어 팔짱을 끼고서 소테리데스를 잡아먹을 듯이 노려보았다.

"본 요리는 그렇다 치더라도, 그렇게 요란스러운 전채를 무슨 수로 주어진 시간 안에 다 장만하죠?"

소테리데스는 은근히 비웃는 듯한 표정으로 되물었다.

"자신이 없나 보죠?"

명백한 선제공격이었지만 옥토 아주머니는 꿈쩍도 안 하고 계속 소테리데스를 노려보았다.

"햄브로시아 롤을 한가득 차려 놓으면 충분해요. 그쪽이 시간도 훨씬 덜 걸리고."

그러자 소테리데스가 콧방귀를 흥 뀌었다.

"무슨 그런 시시하고 흔해 빠진 요리를!"

그러자 옥토 아주머니가 인상을 팍 쓰며 대꾸했다.

"아, 그래요? 내 생각엔 당신 메뉴야말로 쓸데없이 복잡하고 허세만 가득한 것 같은데요!"

난처해진 헤스티아와 리사 아주머니는 매섭게 말씨름하는 두 요리사를 번갈아 쳐다보며 어쩔 줄 몰랐다. 그때 갑자기 소테리데스가 손가락을 딱 튕기며 말했다.

"순무를 멸치 모양으로 깎아서 삶은 다음 기름에 튀기고, 소금과 양귀비 씨로 진짜 멸치처럼 보이게 장식하는 겁니다."

"내 그럴 줄 알았어! 네가 결국 그걸 제안할 줄 알았지. 요리 학교 때 훔쳐 간 내 아이디어를 써먹을 줄 알았다고!"

소테리데스는 너무 놀라서 잠시 멍하게 서 있더니 더듬더듬 말을 꺼냈다.

"오, 옥토피아? 너 옥토피아였구나!"

소테리데스의 얼굴에 환한 미소가 퍼졌다.

"이야, 졸업한 뒤로 한 번도 못 만났는데! 그게 언제였지? 벌써 이십 년 전인가?"

"이십삼 년."

옥토 아주머니가 짜증 난 목소리로 덧붙였다.

"나 참 어이가 없어서. 어떻게 그렇게 못 알아볼 수가 있어? 지금까지 살면서 팔 여덟 개 달린 요리사를 나 말고 몇 명이나 만나 봤는데?"

"음, 한 명도 없지."

소테리데스가 멋쩍은지 옆에 서서 상황을 고스란히 목격하고 있는 헤스티아와 리사 아주머니를 힐끔 쳐다봤다.

헤스티아와 리사 아주머니는 괜히 엿듣는 입장이 되고 싶지 않아서 허둥지둥 허드렛일을 찾아 나섰다. 그러자 소테리데스가 말했다.

"이봐, 옥토피아. 진심으로 하는 말인데…… 난 너처럼 어떤 요리든 척척 해내는 요리사를 본 적이 없어."

다음 순간, 놀랍게도 옥토 아주머니가 큰 소리로 껄껄 웃음을 터뜨렸다.

"이봐, 소티. 괜히 아부하지 마. 순무 멸치 아이디어가 네 거라고 밝힌 사건, 난 아직 용서 안 했어."

헤스티아는 씩 웃으며 리사 아주머니 귀에 대고 소곤거렸다.

"소티래요!"

리사 아주머니는 '무슨 이런 일이 있대?' 하는 표정으로 어깨를 들썩여 보이더니 싱글싱글 웃었다.

"사정이 절박했어."

소테리데스가 애처로운 목소리로 말했다.

"제발 날 이해해 줘. 니코메데스 왕의 왕궁 요리사 자리를 두고 면접을 봐야 했단 말이야. 만약 면접에서 떨어지면 그 즉시……."

소테리데스는 손가락으로 목을 긋는 시늉을 해 보였다.

"흥!"

옥토 아주머니는 짐짓 콧방귀를 뀌었지만, 소테리데스를 불쌍히 여기는 눈빛이었다.

"알았어. 전채는 순무 멸치 요리로 정하자. 후식은 헤스티아의 암브로시아 초콜릿바로 하는 게 어때?"

마침 헤스티아가 암브로시아 초콜릿바를 점심시간 전에 잔뜩 만들어 두었던 터였다. 옥토 아주머니가 소테리데스에게 암브로시아 초콜릿바를 건넸다. 헤스티아가 두근두근하며 지켜보는 앞에서 소테리데스는 암브로시아 초콜릿바를 한 입 베어 물더니 인상을 찌푸렸다.

소테리데스가 뭐라고 한마디 하기 전에 옥토 아주머니가 일곱 개의 손을 허리에 턱 얹었다. 그러더니 마지막 손으로 나무 주걱을 집고는 소테리데스를 향해 삿대질을 했다.

"헤스티아의 작품을 두고 못된 소리 하기만 해 봐! 다들 이 초콜릿바를 얼마나 좋아하는데!"

소테리데스는 옥토 아주머니와 헤스티아를 힐끔힐끔 쳐다보더니 큰소리로 외쳤다.

"이야, 정말 맛있군그래! 그런데 과연 잔치에 내어놓을 만큼 특별할까?"

헤스티아는 인상을 살짝 찌푸리고서 식당 아주머니들이 뭐라고 하기 전에 얼른 말을 꺼냈다.

"저도 좀 그렇긴 해요. 엄청나게 중요한 잔치에 대접할 후식은 좀 더 '짜잔!' 한 면이 있어야 할 것 같아요."

소테리데스가 환한 얼굴로 대답했다.

"내 말이 그 말이란다!"

그 뒤로 후식 메뉴를 두고 15분 동안 옥토 아주머니와 소테리데스 사이에 치열한 입씨름이 벌어졌다.

옥토 아주머니가 뭔가를 생각하더니 최종 통보를 했다.

"아예 후식 메뉴를 헤스티아에게 맡기는 건 어때? 우리도 우리지만, 다들 깜짝 놀랄 거야."

소테리데스는 경악했다.

"이런 경우는 들어본 적이 없어! 진지하게 하는……."

"에헴!"

옥토 아주머니가 소테리데스의 말을 자르더니 눈에 쌍심지를 켜고서 또박또박 말했다.

"넌, 나한테, 갚을, 빚이, 있어."

소테리데스는 땅이 꺼질 듯 과장된 한숨을 쉬었다.

"맞아. 사실이야. 그럼 그렇게 하자고."

"정말요?"

헤스티아가 놀라서 소테리데스와 옥토 아주머니를 번갈아

쳐다봤다.

"옥토 아주머니, 정말 괜찮으시겠어요?"

"안 괜찮으면 이야기도 안 꺼냈을 거야. 네가 얼마나 대단한 요리사인지 지금까지 몇 번이나 증명해 보였잖아. 네가 어떤 걸 만들든 대성공일 거라고 난 확신한단다."

리사 아주머니가 한마디 거들었다.

"대성공이고 말고. 난리가 날 거야."

헤스티아의 얼굴이 기쁨으로 빛났다.

"고맙습니다. 절대 실망하게 하지 않을게요."

아무래도 한마디 하지 않고는 못 견디겠는지 결국 소테리데스가 입을 삐죽거리며 말했다.

"부디 그러길 바란다. 제우스 님이 맛없어하면 무슨 일이 일어날지 상상도 하기 힘들어. 그분은 니코메데스 왕보다 천억만 배쯤 더 힘이 있는 분이잖아."

소테리데스는 그 말만으로는 뜻이 충분히 전달되지 않았을까 봐 굳이 손가락으로 목을 긋는 시늉을 해 보였다.

"어휴."

옥토 아주머니가 고개를 절레절레 흔들며 말했다.

"헤스티아, 소티 말에 너무 신경 쓰지 마렴. 교장 선생님께서

네가 만든 후식을 안 좋아할 거라며 쓸데없는 걱정을 하는 사람이 살짝 맛이 간 거야."

헤스티아는 감사의 표시로 고개를 끄덕였다. 솔직히 제우스를 기쁘게 할 방법은 그다지 걱정되지 않았다. 제우스가 달콤한 후식 앞에선 꼼짝 못 한다는 건 모두가 아는 사실이었다. 헤스티아가 걱정하는 건 소테리데스였다.

'옥토 아주머니는 내가 실력을 증명해 보일 거라고 믿고 계시잖아. 헤스티아, 잘하자!'

그날 저녁 식사를 마친 후, 헤스티아는 기숙사 방 책상에 앉아 후식으로 무엇을 준비할지 열심히 아이디어를 내어 보았다. 하지만 케이크든 쿠키든 아이스크림이든 파이든 하나같이 평범하게만 여겨졌다.

'아, 평범하다는 말을 이렇게 또 마주하는구나. 나란 아이는 평범할지 몰라도 내가 만드는 후식만큼은 평범하지 않은 걸 만들겠어!'

헤스티아는 새로운 아이디어를 쓰기가 무섭게 벅벅 줄을 그어서 지웠다.

'뭔가 대담하고, 위험 부담이 있는 요리를 해 본다면 지금이 바로 그때야. 아, 그런데 정말로 '짜잔!' 한 건 생각이 안 나.'

슬슬 짜증이 올라온 헤스티아는 잠시 쉬기로 했다. 그때 룸메이트 아글라이아가 방으로 들어왔다. 아글라이아는 전날 칼리오페의 방에서 잤고, 헤스티아는 온종일 조리실에서 일하느라 금요일 오후에 잠깐 대화를 나눈 것 외에는 함께 시간을 나눌 틈이 없었다.

아글라이아가 자기 침대에 털썩 드러눕더니 베개를 끌어안고서 눈을 감았다.

"휴! 낮잠 한숨 자야겠어. 칼리오페랑 밤늦게까지 수다를 떠느라 거의 못 잤거든. 아침에 일어나서부터는 쭉 대장간에서 헤파이스토스 일을 도왔고. 정말 피곤해 죽겠어."

헤스티아는 억지로 미소를 지으며 자기 침대에 앉아 무릎을 끌어안았다.

"칼리오페랑 재미있게 지냈나 보네?"

헤스티아는 목소리를 최대한 밝게 내려 애썼다. 하지만 마음속에는 근심이 무겁게 자리하기 시작했다.

'칼리오페는 룸메이트가 없잖아. 아직까지는 말이야. 만약 아글라이아가 칼리오페 방으로 이사하겠다고 하면 어쩌지? 그럼 나만 홀로 남을 텐데.'

"응. 아주 재미있었어."

아글라이아가 졸리운 목소리로 대답했다. 그러더니 갑자기 눈을 번쩍 뜨고서 침대에 엎드린 채 헤스티아를 바라보았다.

"아, 난 진짜 무심한 룸메이트야! 네가 파마랑 얼음 조각 축제에 다녀온 걸 까마득히 잊고 있었네. 어땠어? 파마가 너한텐 말할 틈도 주지 않고 쉴 새 없이 떠들어댔어? 지금 내가 딱 그러는 것처럼?"

아글라이아와 헤스티아는 까르르 웃음을 터뜨렸다.

"아주 대단했어."

한결 마음이 놓인 헤스티아는 북극을 오가는 여행길에서 본 풍경, 축제장의 멋진 조각상, 심사 위원을 맡은 세 그라이아이에 대해 자세히 들려주었다. 심지어 세 그라이아이가 상담 선생님으로서 헤스티아에게 했던 조언도 그대로 알려 주었다.

그리고 그 조언에 대해 파마와 함께 이야기를 나눈 결과, 다른 아이들이 헤스티아에 대해 더 잘 알 수 있도록 헤스티아가 더 노력해야 한다고 풀이한 것도 숨기지 않고 모두 전했다.

아글라이아는 빙글 돌아누워서 천정을 가만히 바라보더니 입을 열었다.

"그럼 그라이아이 상담 선생님들은 네가 갑자기 수줍음 타지 않기를 바라시는 거야?"

아글라이아가 손가락을 딱 하고 튕기며 덧붙였다.

"지금부터 시작! 이렇게 말이야?"

"그런가 봐."

헤스티아는 무릎을 안고 있던 손을 풀고서, 바닥에 깔린 양탄자 위에 두 발을 올려놓았다.

"파마는 나한테 언론의 홍보 효과가 필요하대. 그래서 〈십대들의 두루마리〉 잡지에 나에 관한 얘기를 싣겠다며 나하고 인터뷰를 했어."

"어머, 잘됐다."

아글라이아는 눈을 스르르 감으며 물었다.

"기사는 언제 나온대?"

"나도 모르겠어. 아마 곧 나올 것 같아."

둘은 헤스티아가 다녀온 여행에 대해 좀 더 이야기를 나누었다. 헤스티아는 축제에서 본 조각상 중 가장 마음에 들었던 아테나 조각상에 대해 들려주었다. 그러다 문득 새로운 영감이 번개처럼 스치고 지나갔다.

'조각상. 그래, 바로 그거야! 나도 잔치에 쓸 후식을 조각해야겠어. 얼음이 아니라 케이크로 말이야!'

그 순간부터 헤스티아의 머릿속에서 케이크와 크림 장식과

달콤한 시럽이 춤을 추기 시작했다.
 '잔치를 여는 목적이 인간 세상 공로상 수상자를 축하하기 위한 거니까 케이크를 아예 트로피 모양으로 만들어도 좋을 것 같아!'
 헤스티아는 침대에서 벌떡 일어나 방 안 이곳저곳을 서성대기 시작했다.
 '케이크로 트로피를 조각하는 게 가능할까? 너무 설레발 치는 게 아닌지 실험을 해서 확인해 봐야겠어.'
 문득 고른 숨소리가 들려 고개를 돌려 보니 아글라이아가 깊이 잠들어 있었다.
 '깨워서 잠옷으로 갈아입고 자라고 해야 할까? 아냐, 그냥 자게 두자.'
 헤스티아는 아글라이아의 발치에 뭉쳐져 있는 이불을 끌어 올려서 살포시 덮어 주었다.
 '됐다. 이제 따뜻하게 푹 자.'

 다음 날 밤, 헤스티아가 조리실에서 아이디어를 실험해 보고 있는데 갑자기 파마가 불쑥 문을 열고 들어왔다.
 "헤스티아, 널 얼마나 찾아다녔는지 몰라."

파마의 입에서 퐁퐁 솟아오른 구름 글자가 조리실 천장을 둥둥 떠다녔다.
"왜? 무슨 일 있어?"
헤스티아는 트로피 케이크 안에 넣을 암브로시아 필링을 이제 막 섞은 참이었다. 먼저 구워 놓은 케이크는 식힘 망 위에 올려져 있었다.
파마는 헤스티아의 질문에 대답하지 않고 딴소리를 했다.
"학교 조리실에는 한 번도 들어와 본 적이 없거든. 그런데 문득 네가 여기서 많은 시간을 보낸다고 말했던 게 기억나더라고. 다행이었지, 뭐! 안 그러면 널 끝까지 못 찾아냈을 거야."
파마는 주위를 휘휘 둘러보았다. 벽돌로 만든 커다란 화덕이며 유리문을 단 찬장, 깨끗한 조리대를 살피던 파마의 눈길이 헤스티아 앞에 놓여 있는 반죽 그릇으로 향했다.
헤스티아는 파마가 한 입 맛보고 싶어 한다는 걸 알아차리고서, 암브로시아 필링을 한 숟갈 떠서 파마에게 내밀었다.
"으으음. 맛있어!"
파마는 숟가락에 남은 것까지 싹싹 핥아먹더니 마침내 헤스티아의 질문에 대답했다.
"오늘 아침에 너에 대한 기사를 〈십대들의 두루마리〉 잡지에 보냈다고 알려 주려고. 수요일에 발간될 거야. 나오는 대로 내가 한 권 줄게."

헤스티아는 순간 가슴이 철렁했다.

"벌써 기사를 보냈다고? 난 네가 나한테 먼저 원고를 보여 줄 줄 알았어. 이미 마감된 거야?"

"응. 걱정하지 마. 내가 쓴 기사를 읽어 보면 아주 마음에 들 거야."

파마는 아무렇지 않은 듯 싱글거리며 숟가락을 싱크대에 넣었다. 그러고는 조리실 안을 돌아다니며 각종 조리 도구를 만지작거렸다.

파마가 "이건 뭐야?"라고 물을 때마다 헤스티아는 하던 일을 멈추고 대답을 해 줘야 했다.

"뒤집개."

"거품기."

"필러."

"우와, 요리 하나 만들려면 정말 일이 많구나."

파마는 기름 솔을 요리조리 살펴보며 말을 이었다.

"불멸의 존재는 자고로 인간의 모범이 되는 일을 해야 하잖아. 내 인터뷰 기사가 나가면 네가 인간 세상 공로상을 받을 가능성이 훨씬 커질지도 몰라."

헤스티아는 '글쎄?'라는 듯이 어깨를 들썩여 보였다.

"난 그 상에 대해 거의 잊고 있었어. 후보 등록을 할지 말지도 아직 결정하지 않았는걸."

파마가 눈을 동그랗게 떴다.

"왜? 너도 다른 아이들만큼이나 상을 받을 확률이 높아. 모두가 내 기사를 읽고 난 뒤에는 더더욱 그럴 거고."

헤스티아는 저절로 입가에 웃음이 배어 나왔다.

'파마는 정말 매사에 자신감이 넘친다니까!'

"내가 후보 명단에 이름을 올리면 파마 너랑 경쟁자가 되는 거 아냐?"

헤스티아의 물음에 파마가 고개를 가로저었다.

"난 후보 등록 안 할 거야. 인간 세상 공로상에 대해 분명히 기사를 쓰게 될 텐데, 내가 후보 등록을 하는 건 옳지 않은 것 같아. 그건…… 음……."

파마가 감자 으깨는 도구를 빙글빙글 돌리며 정확한 용어를 생각해 내려 애쓰자, 헤스티아가 넌지시 거들었다.

"이해 상충이라는 거지?"

헤스티아는 지난해 윤리학 수업 시간에 배웠던 그 말을 기억하고 있었다. 이해 상충이란 목적이 서로 어긋나는 상황에 동시에 처할 때를 가리키는 말이었다. 파마의 경우, 수상을 바라는 후보자가 되면 기자로서 객관적인 기사를 쓰기 어려워진다는 점에서 이해 상충이 발생하기 때문에 후보자에서 물러난 것이었다.

"응. 그거야."

파마가 고개를 끄덕였다.

"게다가 난 가장 바라는 상을 이미 탔어. 〈십대들의 두루마리〉 잡지의 기고란을 부여받았잖아."

파마는 활짝 웃으며 조리실 문으로 향했다.

"잠깐만!"

헤스티아가 얼른 파마를 불러 세우더니 손을 가리켰다.

"그건 두고 가야지?"

"아, 맞다. 슬쩍할 생각은 아니었는데."

파마는 까르르 웃으며 감자 으깨는 도구를 원래 자리에 되돌려 놓고서 조리실을 떠났다.

혼자 남은 헤스티아는 다시 실험에 몰두했다. 암브로시아 필링은 아주 맛있었지만, 너무 부드러워서 초콜릿 케이크의 형태가 자꾸 무너졌다.

'이건 트로피라기보다는 커다란 귀가 달린 곰돌이처럼 보이잖아. 흠, 이래서는 최하위 수상자에게 주는 위로 선물로도 곤란하겠어. 이제 곧 취침 시간인데 오늘은 그만해야겠다.'

헤스티아는 하품을 쩍 하면서 케이크와 암브로시아 필링을 식품 저장고에 가져다 놓았다. 조리실을 나서려던 헤스티아는 문득 화덕에 걸린 커다란 무쇠솥을 보고 자신이 그린 상징을 떠올렸다.

'반 아이들 모두가 웃어댔지.'

핀티아스 선생님은 다른 이들이 헤스티아를 바라보는 관점에 영향을 미칠 수 있으니 좀 더 강력해 보이고 '짜잔!' 한 걸 고르라고 말했다.

'솥이 아니라면 도대체 어떤 게 내 상징일까?'

헤스티아는 생각에 잠긴 채 조리실을 나와 식사 공간으로 들어섰다.

'뒤집개?'

헤스티아는 혼자 쿡쿡 웃었다. 파마와 나눈 이야기 때문인지 인간 세상 공로상에 대해 흥미가 돌았다. 딱히 상을 받고 싶다

기보다는, 그라이아이 상담 선생님들의 두루뭉술한 조언대로 자신을 좀 더 드러내는 기회가 될 듯싶었다.

'내일 후보 신청을 받는데, 뭔가 좀 괜찮은 상징이 생각나면…….'

그날 밤, 헤스티아가 숙제를 마치고 자리에 막 누웠을 때 아글라이아가 방으로 들어왔다.

"어머, 내가 깨운 거야? 미안해, 너무 늦게 돌아왔지?"

헤스티아는 침대에 엎드려 손에 턱을 괴고서 대답했다.

"아냐. 안 자고 있었어."

헤스티아는 문득 냄새를 킁킁 맡더니 놀라서 벌떡 일어났다.

"어머! 지금 어디선가 탄내가 나는 것 같지 않아?"

"응. 나한테서 나는 냄새일 거야. 옷을 약간 그을렸거든. 조금 전 대장간에서 헤파이스토스 일을 돕는 중에 작은 폭발 사고가 있었어."

헤스티아는 눈이 휘둥그레졌다.

"헉! 너희 둘 다 괜찮아? 다친 데 없어?"

"응. 둘 다 무사해. 내 키톤은 썩 괜찮지 않지만."

아글라이아는 옷장으로 가서 옷을 갈아입었다. 그러고는 엉망으로 그을린 키톤을 헤스티아에게 보여 주고서 돌돌 말아 쓰레기통에 툭 던져 넣었다.

"명중!"

"나이스 샷!"

헤스티아는 완전히 일어나 침대에 걸터앉았다.

"아글라이아, 도대체 무슨 일이 있었던 거니?"

"인간세상공로상선정위원회에서 교장 선생님께 부탁을 했나 봐. 헤파이스토스가 트로피를 만들어 주면 좋겠다고 말이야. 토요일 축하 잔치에서 수상자에게 줄 거래."

"트로피?"

헤스티아는 후식 아이디어가 화르르 타서 사라지는 기분이었다.

"응. 트로피 거푸집에 쇠를 녹여 붓고 있는데 갑자기 대장간 안에 있던 뭔가가 폭발했어. 불꽃이 비처럼 쏟아져 내리는 광경을 너도 봤어야 했는데!"

"세상에! 너 정말 다친 데 없니?"

아글라이아가 고개를 끄덕였다.

"온몸에 검댕을 뒤집어쓴 것뿐이야."

아글라이아는 손을 흔들며 문으로 향했다.

"말 나온 김에 샤워를 하러 가야겠어."

아글라이아가 방을 나가자 헤스티아는 침대에 털썩 엎드렸다.

'다시 원점으로 돌아왔네.'

헤파이스토스가 수상자를 위해 트로피를 만든다면 트로피 모양 후식을 만드는 의미가 없었다.

'너무 똑같잖아. 뭔가 다른 걸 조각해야 해. 흐으으음. 뭐가 좋을까?'

월요일 아침이 밝았다. 헤스티아는 새벽같이 일어나 연한 초록색 키톤을 입었다. 그러고는 두건을 쓸지 말지 0.5초쯤 고민했다. 마음먹고 복도까지 맨머리로 나간 헤스티아는 누군가의 발걸음 소리가 들리자마자 곧장 두건을 뒤집어썼다.

'다음번 변화는 내일 해도 늦지 않을 거야.'

헤스티아는 서둘러 조리실로 가서 주문을 외우고 화덕에 불을 피웠다. 오늘 아침 메뉴는 오트밀인데, 헤스티아가 가장 먼저 와서 아침 식사 준비를 하겠다고 옥토 아주머니께 약속해 둔 터였다.

커다란 무쇠솥 밑에 쌓인 장작이 활활 타오르기 시작하자, 헤스티아의 머릿속에 아이디어가 번뜩 떠올랐다. 이번에는 후식이 아니라 상징에 대한 아이디어였다.

'무엇을 내 상징으로 써야 할지 이제 정확히 알겠어! 이건 강력한 데다, '짜잔!' 한 면도 있잖아. 완벽해!'

리사 아주머니가 식품 저장고에서 달걀 한 판을 들고나오자, 헤스티아는 얼른 조리실 출입문으로 향하며 소리쳤다.

"이따 뵐게요!"

헤스티아는 식당을 후다닥 가로질러 학교의 본관 로비로 갔다. 사물함 근처 벽에 인간 세상 공로상 후보 등록 용지가 붙어 있고, 그 둘레에 아이들이 잔뜩 모여 있었다.

수줍음이 발동한 헤스티아는 이름을 쓴 아이들이 아침 식사를 하러 자리를 뜰 때까지 최대한 남의 이목을 끌지 않으려 하면서 괜히 바쁜 척 근처를 서성였다.

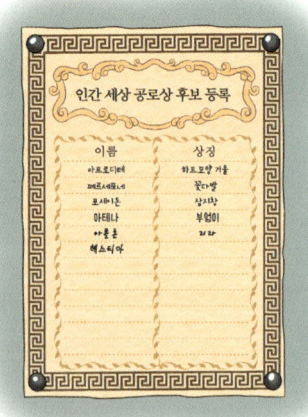

마침내 홀로 남은 헤스티아는 후보 등록 용지 앞으로 가서 벽에 붙어 있던 펜으로 자기 이름을 예쁘게

썼다. 그런 다음 자신의 상징을 쓰려는데, 뒤에서 갑자기 비명이 들렸다.

"아얏! 야, 조심해!"

분명 아스카의 목소리였다.

헤스티아는 얼른 소리가 나는 쪽으로 고개를 돌렸다. 아스카가 위장술을 쓰고 있지 않아서 곧바로 찾아볼 수 있었다. 게다가 폴짝폴짝 뛰며 신음까지 뱉고 있으니, 알아보지 않을 방법이 없었다.

아스카 너머로 올림포스 학교 최고의 악동 퀴도이모스와 마카이가 보였다.

"어이, 도마뱀 꼬리. 사고란 늘 발생하는 법이잖아, 안 그래?"

둘은 낄낄거리며 얼른 자리를 떠 버렸다.

'맙소사! 분명 일부러 아스카의 꼬리를 밟은 거야.'

헤스티아는 아스카 곁으로 다가갔다.

"괜찮아?"

아스카는 등 뒤에 꼬리를 들고 있었다.

'앗, 설마 잘린 꼬리를 감추려는 걸까?'

헤스티아는 깜짝 놀라서 혹시 바닥에 꼬리가 떨어져 있는지 살펴보았다.

"제발 내 꼬리를 찾는 건 아니길 바라."

아스카가 통증을 꾹 참으며 물었다.

"안 떨어졌어. 봐봐."

아스카가 뒤로 휙 돌아서서 꼬리를 보여 주었다.

"그럼 놀라더라도 꼬리가 툭 떨어지는 일은 없는 거네?"

헤스티아는 진심으로 궁금해하며 말했다.

"말도 안 되는 일이지! 너도 놀란다고 머리가 툭 떨어지진 않잖아. 꼬리를 밟히면, 팔꿈치를 어디 세게 부딪힌 것처럼 한동안 저릿저릿하다가 괜찮아져."

헤스티아는 무슨 말인지 알겠다는 표시로 고개를 끄덕였다.

"그럼 파마가 네 꼬리에 대해 쓴 기사는 사실이 아니로구나."

"절대 아니야."

헤스티아는 문득 아스카가 자신의 손을 빤히 쳐다보고 있다는 걸 깨달았다.

'아, 후보 등록용 펜을 여기까지 들고 왔구나.'

펜과 벽을 잇는 줄이 헤스티아가 선 곳까지 대롱대롱 늘어져 있었다. 아스카는 줄 끝에 있는 후보 등록 용지로 눈길을 돌리며 말했다.

"인간 세상 공로상 후보에 등록해 보려고?"
"으응."
헤스티아는 수줍어하며 고개를 끄덕였다. 헤스티아가 후보 등록 용지 쪽으로 다가가자, 아스카가 따라왔다.
"이제 상징 칸만 채우면 돼."
그때 아폴론이 식당을 향해 가다가 아스카를 발견하고 인사를 했다.
"어이, 꼬리업 군! 안녕!"
헤스티아가 상징 칸을 채우려다가 아스카를 보며 물었다.
"싫지 않아? 저런 별명 말이야."
아스카는 헤스티아의 말에 놀란 듯 대답했다.
"아니, 별로. 남자애들은 맨날 서로한테 별명을 붙이거든. 불멸의 존재에게 주어지는 호칭도 따지고 보면 별명이잖아. 난 파충류의 신이야. 넌 불과 화로의 여신이지? 핀티아스 선생님이 수업 시간에 그렇게 부르더라."
헤스티아는 고개를 끄덕였다.
"올림포스 학교로 전학 오기 전에 마을 사람들한테 도시마다 공동 화로를 만들면 어떻겠냐고 제안했거든. 그때부터 사람들이 날 그렇게 부르더라. 하지만 네 별명은…… 꼬리업 군이라니! 완전히 말도 안 되는 소리잖아!"

"파마 덕분이지 뭐. 잘못된 정보 하나가 마치 꼬리처럼 찰싹 들러붙어서 떨어지질 않아. 어떻게 할 방도가 없을 때는 차라리 맞춰주면서 유연하게 대처하는 게 낫더라고. 그래서 난 별로 신경 안 써. 괜찮아."

헤스티아는 별명에 상처를 받지 않는다는 아스카의 말이 진심인지 알 수가 없었다.

'어쨌든 소문의 여신한테 무슨 말을 할 때는 조심하라는 충고를 괜히 한 게 아니었구나!'

헤스티아는 소름이 쫙 끼쳤다.

'파마가 나에 대해서 뭐라고 썼을까? 그 기사 때문에 나도 듣기 싫은 별명을 얻게 될까? 아이들이 날 뭐라고 부를까? 부엌데기? 빵순이? 수프 걸? 아, 부디 그런 일이 없어야 할 텐데!'

헤스티아는 후보 등록 용지 빈칸에 펜을 대고서 자신의 상징을 썼다.

'내 상징은 불꽃이야!'

뒤에서 보고 있던 아스카가 탄성을 터뜨렸다.

"우와 멋진데! 아, 그보다는 화끈하다고 해야 할까? 아주 근사해."

"고마워."

헤스티아도 방긋 웃으며 아스카에게 펜을 내밀었다.

"자, 이제 네 차례야."

아스카는 고개를 가로젓더니 거절한다는 표시로 두 손을 내밀며 한 걸음 뒤로 물러났다.

"아니. 난 파충류 세상 공로상이 나올 때까지 기다릴래."

아스카는 농담을 던지고서 후보 등록 명단을 쓱 훑어보았다.

"난 그저 몇 명이나 등록했나 궁금해서 와 봤어. 대충 오십 명, 육십 명쯤 되는 것 같지? 그런데 여기 적힌 이름들…… 예를 들어 마카이와 퀴도이모스 말이야. 이 아이들의 이름을 보니 네가 최종 열한 명에 들어갈 확률은 아주 높은 것 같아."

"고마워. 사실 나도 결과는 별로 신경 쓰지 않아. 난 그냥, 음, 나 자신에게 변화를 주기 위해 등록한 거야."

아스카의 사물함이 바로 옆이었기 때문에 헤스티아는 펜을 제자리에 꽂아 놓고서 아스카를 기다렸다.

아스카는 사물함에서 초록색 재킷을 꺼내어 입었다. 헤스티아의 놀란 표정을 보더니 아스카가 너털웃음을 터뜨렸다.

"도마뱀은 냉혈 동물이잖아. 난 늘 추위를 타."

"정말? 난 반대야. 추위를 타지 않고 몸이 늘 따뜻해."

"그럼 네 상징으로 불꽃이 딱 어울리네."

헤스티아는 미소로 고마움을 표했다. 그런데 갑자기 어디서 그런 대담함이 솟았을까? 헤스티아가 불쑥 말을 꺼냈다.

"솔직히 난 불을 꽤 잘 만들어 내는 편이야. 볼래?"

곧바로 헤스티아는 자신이 너무 우쭐대는 건 아닌지 걱정이 들었다.

"어머. 내 말투가 피그말리온처럼 거만하게 들린 건 아닌지 모르겠네."

아스카는 전혀 개의치 않는 듯 활짝 웃으며 대답했다.

"아, 나도 그 자랑쟁이 기억나. 누구를 만나든 맨날 자기가 얼마나 대단한 조각가인지 떠들어대지? 그 자랑쟁이는 자기를 뽐내는 거고, 넌 네 능력을 내게 직접 보여 주려는 것뿐이잖아. 그건 아무 문제 없어. 그런데 여기서 해도 돼?"

아스카는 인적이 드문 복도를 휘휘 둘러보았다.

"설마 학교를 불태울 건 아니지?"

헤스티아는 까르르 웃으며 고개를 흔들었다.

"걱정 마."

헤스티아는 한 걸음 뒤로 물러나서 두 손을 모으고 주문을 외웠다.

> 불꽃이여, 일어나
> 검은 어둠 밝히라.
> 세찬 불길 솟아나
> 강한 열기 전하라.

  곧바로 헤스티아의 손바닥 위에 불꽃이 피어났다. 가장자리에 푸른 빛이 도는 주황색 불빛이 환하게 빛났다. 처음에는 겨우 몇 센티미터 크기였지만 헤스티아가 손바닥을 펼치자 거의 30센티미터 높이까지 불꽃이 자라났다.

  "우와, 쿨한데! 아, 쿨한 게 아니라 뜨겁구나."

  아스카가 진심으로 감탄해 마지않았다.

  "진짜 멋지다. 그렇게 불을 피워도 손바닥을 데지 않는 거야?"

  헤스티아는 코를 긁적이며 잠시 생각해 보고서 고개를 가로저었다.

  "아주 약간 열기는 느껴지는데 그게 다야. 뜨겁다거나 그렇지 않아."

  헤스티아가 "착!" 하고 손바닥을 마주 대자 불꽃이 곧바로 사라졌다. 그 순간 헤스티아의 머릿속에 퍼뜩 떠오르는 생각이

있었다.

'그라이아이 선생님들이 내 빛에 대해 언급하셨잖아. 내가 고를 상징을 암시하신 걸까? 불꽃에 대해서?'

아침 식사 시간을 알리는 리라 종이 울리자 헤스티아는 아스카와 함께 식당으로 향했다. 아스카는 이야기를 나누기에 한결 편한 상대였다.

'그래도 믿을 수가 없어! 내가 남자애랑 나란히 서서 이야기를 나누며 걷고 있다니!'

식당에 도착하자 남학생들이 아스카를 불렀다.

"어이, 꼬리업 군! 여기야! 네 자리 맡아 뒀어!"

아스카는 씩 웃으며 헤스티아에게 작별 인사를 하고서 친구들이 있는 곳으로 갔다.

'아스카는 저 별명이 정말로 아무렇지 않나 봐.'

헤스티아는 쟁반을 들고 배식 줄 끝에 섰다. 토요일 잔치에 쓸 후식을 생각하니 또 슬슬 마음이 불안해졌다.

'이제 닷새밖에 남지 않았어. 그래도 솔직히 트로피 아이디어는 포기하길 잘한 것 같아. 생각보다 만들기 너무 어려웠거든. 좀 더 단순한 걸 생각해 봐야겠어.'

헤스티아는 후식 메뉴를 고민하며 햄브로시아와 달걀을 받고, 넥타르 한 통을 집어 들었다. 그러고는 여전히 생각에 잠긴 채 식사 공간으로 걸어갔다.

'그라이아이 선생님들은 나더러 내가 가진 재능을 나눠 주라고 하셨어. 내 요리를 세상에 알리라는 뜻인 걸까? 그렇다면 파마와 인터뷰를 한 건 결국 현명한 결정이었던 걸까?'

헤스티아는 이런저런 고민을 하느라 무심결에 낯선 여자아이 둘이 앉아 있는 식탁에 자리를 잡았다.

둘의 눈길을 느낀 헤스티아는 그제야 그들의 존재를 깨닫고 화들짝 놀라 물었다.

"어머, 미안해! 여기 앉아도 될까?"

둘 중 한 명이 먼저 대답했다.

"당연하지. 애, 네가 아까 복도에서 손바닥에 불을 피워낸 애 맞지? 어떻게 한 거니?"

"아, 봤어?"

헤스티아는 아스카에게 자신의 재능을 선보이는 데 집중하느라 거기에 다른 아이들도 있었다는 걸 전혀 알아차리지 못했다. 헤스티아는 둘의 관심을 받자 기뻐서 자기도 모르게 술술 이야기를 나누기 시작했다.

그 둘은 한 번도 요리를 해 본 적이 없어서 헤스티아가 들려

주는 이야기에 완전히 빠져들었다. 헤스티아가 트로피 모양 케이크를 만들려다가 결국 큰 귀가 달린 곰을 만든 사건을 얘기하자, 둘은 배를 잡고 웃어댔다. 헤스티아도 즐겁게 너털웃음을 지으며 속으로 중얼거렸다.
 '우와, 마치 내가 파마라도 된 것 같아!'

반쪽짜리 진실

이틀 뒤 수요일, 2교시 공예학 수업을 들으러 헤스티아가 문을 열고 들어선 순간 교실 안이 갑자기 조용해졌다. 늘 앉던 자리로 걸어가는데 여기저기서 힐끔대는 눈길마저 느껴졌다.

'뭐야? 내가 이야기 주제라도 된 거야?'

헤스티아는 반사적으로 두건을 쓰려고 손을 뻗었다.

'아차, 이틀 전에 두건을 잘라 냈지! 아, 어쩌자고 그런 멍청한 생각을 했는지 몰라! 아, 그날 아침에 식당에서 모르는 아이들과 앉았다가 친구가 되면서 담이 커졌나 봐.'

헤스티아는 '한결 대담하고, 자신의 빛을 드러내는, 새로운 버전의 헤스티아 되기 작전'을 꼭 성공하고 싶었다. 하지만 실패할 경우를 대비해서 나머지 키톤에는 두건을 그대로 남겨 두기로 마음먹었다.

판도라가 뒤로 돌아앉더니 헤스티아 쪽으로 고개를 숙이고 속삭였다.

"파마가 〈십대들의 두루마리〉 잡지에 쓴 기사 봤어?"

옆 책상에서 아프로디테가 잡지를 읽고 있다가 헤스티아 쪽으로 들고서 손짓해 보였다. '올림포스 학교 식당에서는 어떤 일이 벌어질까?'라는 제목이 보였다.

헤스티아는 속이 울렁거렸다.

"아니, 아직 못 봤어. 내 얘기를 쓸 거라는 건 알고 있었어."

파마는 잡지가 출간되면 곧바로 한 부 가져다주겠다는 약속을 까마득히 잊어버린 모양이었다.

"개미핥기 코를 가진 리사 아주머니한테는 요리를 맡기지 않는다며? 배식이랑 설거지, 청소만 하게 되어 있다는데 사실이야?"

판도라가 묻자 아프로디테도 끼어들었다.

"그 아주머니 요리 실력이 형편없는 데다, 예전에 음식에 후추를 너무 많이 뿌려서 전교생이 배앓이를 하는 사건을 일으킨 적이 있다는데 정말이야?"

"뭐라고? 아니야!"

헤스티아는 얼굴이 하얗게 질렸다.

"파마가 그렇게 썼어?"

그러자 아프로디테가 안타까운 눈으로 헤스티아를 바라보며 잡지를 건네주었다. 헤스티아는 희미하게 미소 지으며 답했다.

"고마워."

헤스티아는 핀티아스 선생님이 도착하지 않기만을 바라며 얼른 기사를 훑어보았다. 2초 정도가 지났을까? 헤스티아의 입에서 끙하고 앓는 소리가 터져 나왔다.

"맙소사! 이건 아니야. 난 파마한테 이렇게 말하지 않았어. 리사 아주머니가 얌브로시아 스튜에 후추를 많이 뿌린 적이 한 번 있긴 했지만, 그 정도 실수는 요리사라면 누구나 해. 게다가 여기 옥토 아주머니에 대한 언급은……."

아프로디테가 조심스럽게 끼어들었다.

"파마는 좋은 뜻으로 쓴 걸 거야. 글도 맛깔나게 잘 쓰니까. 하지만 파마가 사실과 허구를 뒤섞어 쓴다는 건 모두가 아는 사실이야. 그러니 너무 걱정하지 마."

판도라도 위로하듯 말을 꺼냈다.

"그래서 파마의 기사가 재미있고 흥미진진하잖아?"

"하지만 어떤 부분이 사실이고 어떤 게 과장된 내용인지 독자가 어떻게 알겠어?"

헤스티아는 다시 끙 소리를 냈다.

"리사 아주머니와 옥토 아주머니가 속상해하실 거야. 내가 정말로 이런 말을 했을 거라 여기지 않으셨으면 좋겠어."

진심으로 따르는 식당 아주머니들이 상처받게 될 수도 있다니! 헤스티아는 도저히 견딜 수가 없어 가방을 들고 자리에서 일어섰다. 지금까지 한 번도 수업을 빼먹은 적이 없었지만, 지금은 무조건 조리실로 달려가야 했다. 당장!

디리리링!

1교시 시작을 알리는 리라 종이 울리자마자 제우스의 부인인 헤라가 교실로 들어왔다.

"여러분, 오늘은 내가 핀티아스 선생님 대신 수업을 맡게 되었단다."

풍성한 금발을 머리 위로 높이 틀어 올려 멋을 낸 헤라는 온몸에서 당당함이 흘러넘쳤다. 원래는 불멸 쇼핑센터에서 '헤라의 해피엔딩'이라는 웨딩샵을 운영하지만, 올림포스 학교에 사정이 있을 때는 임시 교사도 너끈히 맡았다.

헤스티아는 의자에 꺼지 듯이 푹 주저앉았다.

'갇혔어. 적어도 지금은 나갈 수 없어. 부디 리사 아주머니와 옥토 아주머니가 너무 바빠서 잡지를 볼 틈이 없어야 하는데.'

헤라가 교실 앞에 서서 학생들에게 상황을 설명했다.

"짐작하고 있겠지만, 핀티아스 선생님은 지금 올림피아에 있는 교장 선생님 신전에 가 계신단다. 인간세상공로상선정위원회에서 최종 후보 열한 명을 뽑았기 때문에, 핀티아스 선생님을 비롯한 여러 화가가 바삐 벽화를 완성 중이야."

대번에 학생들이 웅성대기 시작했다.

판도라가 가장 먼저 손을 들고 물었다.

"최종 후보자로 뽑힌 열한 명은 누구인가요? 알려 주시면 안 돼요?"

바로 이럴 때 판도라의 존재가 빛났다. 너무 궁금한 일이 있는데 대뜸 물어볼 자신이 없을 때, 판도라는 어김없이 바로 그 질문을 던져 주니까.

헤라가 빙그레 웃으며 대답했다.

"위원회는 결과에 대해 절대 기밀을 유지하고 있단다. 하지만 내가 알기로 오늘 밤에 벽화가 공개되면 최종 후보자도 자연히 드러날 거야."

다시 교실에 수군거림이 퍼져나가자, 헤라가 말을 덧붙였다.

"제막식은 누구에게나 열려 있단다. 다들 관심 있을 테니 참석하면 좋겠지."

이어 헤라가 각자 원하는 공에 작품을 만들거나 다른 수업 숙제를 하라고 하자, 이번에는 교실에 "와!" 하고 함성이 울려 퍼졌다. 아이들은 저마다 할 일을 시작했다. 헤스티아는 모범생이라 여느 때라면 지시를 따랐겠지만, 오늘은 상황이 상황이다 보니 도저히 그럴 수가 없었다. 헤스티아는 아프로디테가 빌려준 잡지를 영웅학 두루마리 교과서 위에 몰래 올려놓고 숙제를 하는 척하면서 파마의 기사를 찬찬히 읽기 시작했다.

불과 화로의 여신 헤스티아는 수줍음이 많다 보니, 헤스티아가 누구인지 아는 이가 많지 않다. 그러니 헤스티아가 뛰어난 요리사라는 사실을 아는 이는 더더욱 드물다.

'뭐, 여기까지는 나쁘지 않네.'

헤스티아는 기사를 좀 더 읽어 내려갔다.

앰브로시아 스튜와 천상 샐러드부터 새로 만든 로즈메리 올리브 빵과 맛난 암브로시아 초콜릿바까지! 올림포스 학교 식당에 나오는 메뉴 중 대부분이 실은 헤스티아의 작품이다.

헤스티아는 저도 모르게 움찔했다.
'내가 여기 나온 것과 그 밖에 몇 가지를 더 고안하긴 했지만, 메뉴의 '대부분'을 개발한 건 아닌데. 아, 하여간 파마는 과장이 너무 심해!'
기사를 읽으면 읽을수록 헤스티아는 더 절망스러웠다. 생각했던 것보다 기사 내용이 훨씬 더 나빠서였다.

올림포스 학교 식당이 지금처럼 효율적으로 운영될 수 있는 이유는 요리에 관한 헤스티아의 전문 지식과 지도 덕분이다. 학생들 사이에 '개미핥기 코 아주머니'로 알려진 리사 조리사는 후추를 건강을 해칠 정도로 많이 사용하는 바람에 전교생을 식중독에 빠트릴 뻔했다. 헤스티아는 리사 조리사가 더 이상 요리 업무에 관여하지 않고, 자신의 능력에 더 잘 맞는 청소와 배식 업무를 맡도록 현명하게 조처했다.

헤스티아는 머리끝까지 화가 치밀었다. 도저히 기사를 계속 읽을 수가 없었다.

'내 재능과 내가 했던 일은 완전히 부풀려 놓고, 리사 아주머니는 사정없이 깎아내렸어.'

옥토 아주머니도 기사를 보면 반길 리가 만무했다. 조리실을 책임지는 주방장은 바로 옥토 아주머니였고, 조리실이 원활하게 돌아가는 건 모두 옥토 아주머니 덕분이었다.

'아침 식사 때는 아무도 잡지를 보고 있지 않았어. 그럼 이제 막 학교에 배달되었다는 거겠지? 식당 아주머니들이 기사를 읽기 전에 내가 먼저 조리실에 가야 해. 내가 진짜로 했던 말이 무엇이고, 파마가 그걸 어떻게 비틀었는지 설명해야겠어. 어떻게든 이 일을 바로잡아야만 해!'

헤스티아는 자리에서 일어나 아프로디테에게 고맙다는 인사와 함께 잡지를 돌려주고서 교탁으로 갔다.

'파마가 인터뷰하자고 할 때 거절했으면 좋았을 텐데! 그냥 계속 숨어서 투명 인간으로 지내야 했어. 그럼 훨씬 안전하고 단순하게 살 수 있었을 거야. 그 이끼 더미 상담 선생님들이 해 준 조언은 완전히 틀렸어! 틀렸다고! 교장 선생님은 그런 엉터리 상담 선생님들한테 왜 상담을 맡기는 거지?'

"헤라 님, 제가 지금 상태가 별로 좋지 않아요."

사실이었다. 몸도 기분도 죽죽 처지기만 하니 거짓말은 아니었다. 헤스티아는 가방을 꽉 붙잡고 물었다.

"조퇴해도 될까요?"

"저런!"

헤라가 걱정스러운 눈으로 헤스티아를 살피며 말했다.

"얼굴이 창백하구나. 그렇게 하렴. 기숙사 방에 가서 눕든지 양호실에 가 보는 게 좋겠어."

'어, 우리 학교에 양호실도 있나?'

헤스티아는 처음 듣는 이야기였다. 하지만 지금 헤스티아에게 절실히 필요한 건 의학적인 치료가 아니었다.

'난 지금 숨을 곳이 필요해.'

"예, 방에 가서 누울게요. 고맙습니다."

헤스티아는 교실을 나서자마자 서둘러 학생 식당으로 갔다. 조리실 문을 열고 들어가니 옥토 아주머니와 깡마르고 늘 떨떠름한 표정을 짓고 있는 보조 조리사 말라브 아저씨가 점심 준비를 하고 있었다.

옥토 아주머니는 일곱 개의 팔로 그라탱에 넣을 재료를 부지런히 자르고, 다지고, 양념하느라 바빴다. 헤스티아가 잡지 이야기를 꺼내려는데, 옥토 아주머니가 나머지 한 손을 휘휘 흔들며 먼저 말했다.

"아휴, 네가 이렇게 일찍 와주어서 얼마나 기쁜지 모르겠다. 리사 아주머니가 갑자기 휴가를 가야 한다고 해서 일손이 부족하단다."

불안해진 헤스티아는 얼른 되물었다.

"어디로 갔는지 아세요?"

헤스티아는 아침에 불을 피워둔 화덕으로 갔다. 그러고는 무쇠솥을 싱크대로 가지고 가서 물을 가득 채웠다. 말라브 아저씨가 썰고 있는 채소를 보고 수프를 끓일 계획이란 걸 알아차렸기 때문이었다.

옥토 아주머니는 고개를 흔들며 대답했다.

"너무 갑작스럽게 가는 바람에 나도 물어보지 못했어. 급히 처리해야 할 일이 있다고 하더라. 리사 아주머니만큼 믿음직한 일꾼이 어디 있겠니? 최대한 빨리 돌아오려 할 거야."

헤스티아는 속으로 중얼거렸다.

'예, 리사 아주머니가 얼마나 믿음직한 분인지 잘 알아요. 그런데 파마는 리사 아주머니가 조심성과 능력이 하나도 없는 것처럼 써 놓았죠!'

헤스티아는 떨리는 목소리로 물었다.

"혹시 화난 것처럼 보였어요?"

그러자 말라브 아저씨가 콧방귀를 흥 뀌며 대답했다.

"화가 날 만하지 않니? 파마가 잡지에 뭐라고 썼는지 우리 모두 봤단다. 그리고……."

"죄송해요!"

헤스티아가 애처롭게 말했다.

"저는……."

옥토 아주머니가 헤스티아의 말을 잘랐다.

"아이고, 엉터리 기사 가지고 뭘 그러냐. 난 그 소문 기고란에 처음부터 관심이 없었단다. 그 애는 없는 뉴스도 만들어 낼 수 있잖아!"

마음씨 좋은 옥토 아주머니가 감싸 주려 해도 헤스티아의 마음은 무겁기만 했다.

'기사 때문에 상처받지 않으시도록 막으려 했는데 이미 늦어 버렸어.'

"그렇긴 하죠. 그래도 리사 아주머니에 대한 건……."

말라브 아저씨가 투덜대자, 옥토 아주머니가 들고 있던 칼 다섯 자루 중 한 자루를 흔들며 눈치를 주었다.

"리사 아주머니도 그런 허접한 기사에 신경 쓸 필요 없다는 것 정도는 잘 알아요."

이어 옥토 아주머니는 말라브 아저씨한테 대걸레를 건네며 식당 바닥 청소를 맡겼다. 말라브 아저씨는 잔뜩 골이 난 얼굴로 조리실을 나섰다.

'들어올 때 보니 식당 바닥은 반짝반짝 빛이 날 정도로 깨끗하던데……. 말라브 아저씨가 싫은 소리를 할까 봐 옥토 아주머니가 일부러 일을 맡긴 거구나.'

그 뒤로 헤스티아는 몇 번이나 파마의 기사에 대해 사과하려 했지만, 그때마다 옥토 아주머니가 말렸다.

"말했잖아. 난 소문 따위에는 신경 안 쓴단다. 그러니 너도 신경 쓰지 마렴."

결국 둘은 나란히 서서 아무 말 없이 일에 몰두했다. 헤스티아는 기분이 엉망진창이었다.

'이렇게 식당 식구들과 사이가 영영 틀어져 버리는 걸까?'

헤스티아는 생각만으로도 너무나 슬퍼졌다.

점심 식사 준비를 마치자, 옥토 아주머니는 말라브 아저씨와 함께 음식을 나눠주러 배식구로 갔다. 헤스티아는 조리실에 남아 혼자 밥을 먹었다. 다른 아이들의 호기심의 대상이 되고 싶지 않았다.

'지금쯤이면 모두 파마의 기사를 읽었을 거야.'

점심 식사를 마친 뒤 헤스티아는 잔치에 쓸 후식을 구상하려고 케이크 반죽을 만들기 시작했다. 하지만 죄책감과 리사 아주머니가 갑자기 사라진 게 자기 책임이라는 생각 때문에 반죽에 효모와 소금 넣는 걸 잊고 말았다.

4교시가 시작되기 전, 오븐에서 꺼낸 케이크는 도저히 먹을 수 있는 상태가 아니었다. 헤스티아는 케이크를 곧바로 쓰레기통에 처박아 버렸다.

'아직도 리사 아주머니가 돌아오지 않았어.'

헤스티아는 교실로 돌아가고 싶지 않았다.

'내가 2교시 중간에 조퇴했다고 헤라 님이 행정실에 알렸을 테니 굳이 수업에 들어가지 않아도 될 거야.'

헤스티아는 조리실을 떠나 기숙사 방으로 갔다. 오후 내내 거기 숨어 있을 작정이었다.

하지만 완벽하게 도망칠 방법은 없었다. 기숙사 방에 들어가자마자 파마가 문 밑으로 밀어 넣어 놓은 〈십대들의 두루마리〉 잡지가 보였다. 잡지 위에 파마가 쓴 쪽지가 붙어 있었다.

'따끈따끈한 신간 나왔어! 마음에 들길 바라!'

"흥!"

헤스티아는 콧방귀를 뀌며 잡지를 집어 들고서 인정사정없이 쓰레기통에 처박아 버렸다.

10 벽화

　온갖 걱정에 진이 빠진 헤스티아는 침대에 누워서 눈을 감았다. 낮잠을 잘 생각은 아니었지만 지친 탓에 저도 모르게 잠이 들어버렸다. 시간이 얼마나 흘렀을까? 헤스티아가 퍼뜩 눈을 떴더니 아글라이아가 내려다보고 있었다.
　헤스티아가 비몽사몽 상태로 물었다.
　"수업 끝났어?"
　아글라이아가 고개를 끄덕이더니 걱정스러운 얼굴로 물었다.
　"점심시간이랑 영웅학 수업 때 어디 갔었어? 안 보이더라. 헤스티아, 너 어디 아프니?"
　헤스티아는 하품을 하며 일어나 침대에 기대어 앉았다.

"아니야. 난 괜찮아."

솔직히 사실은 아니었다. 낮잠을 자도 전혀 기운이 나지 않고, 식당 아주머니들 걱정도 가시질 않았다.

"다행이야."

아글라이아가 한결 밝아진 얼굴로 말했다.

"몇몇 애들이랑 같이 올림피아의 제우스 신전에 가서 오늘 공개될 벽화를 구경하기로 했어. 너도 같이 갈래?"

아글라이아는 자기 책상으로 가서 선반 위에 놓여 있던 빗을 집더니 옷장 거울을 보며 머리를 빗기 시작했다.

헤스티아는 초대를 받아 기뻤지만, 파마가 쓴 기사 때문에 다른 아이들을 마주할 자신이 나지 않았다.

"글쎄, 모르겠어. 난……."

헤스티아는 머뭇머뭇하다가 솔직하게 묻기로 했다.

"아글라이아, 혹시 너도 이번에 나온 〈십대들의 두루마리〉 잡지 봤어?"

아글라이아가 휙 뒤돌아서더니 손에 든 빗으로 헤스티아를 가리키며 대답했다.

"그럴 줄 알았어! 아파서 조퇴한 거 아니지?"

"아냐, 아파. '잡지 두통'에 골치가 아파 죽을 지경이야! 파마가 쓴 기사 때문에 창피해서 걸리는 병이랄까?"

헤스티아는 이불을 끌어 머리 위에 뒤집어 쓰며 도로 자리에 누웠다.

발소리가 들리더니 옆에 아글라이아가 앉는 느낌이 났다.

"이봐요, 거북이 아가씨! 그만 껍질에서 나오세요."

헤스티아는 이불 밖으로 눈만 빼꼼 내밀고서 물었다.

"꼭 그래야 해?"

아글라이아가 말 대신에 '당연하잖아?'라는 표정으로 답하자, 헤스티아는 땅이 꺼져라 한숨을 쉬며 이불 밖으로 고개를 내밀었다.

"그 기사는 과장이 너무 심했어. 하지만 헤스티아, 생각해 봐. 파마의 기사는 늘 그렇잖아. 솔직히 말하자면 그래도 난 그 기사가 반가워. 넌 너무 겸손해. 네 요리 실력은 칭찬받아 마땅한걸. 그라이아이 상담 선생님들도 네 빛을 숨기지 말라고 하셨다며?"

헤스티아는 마침내 이불을 휙 걷어 내고서 자리에서 일어나 앉았다.

"그래. 하지만 그 기사는 내가 사실상 주방장인 것처럼 쓰여 있잖아. 옥토 아주머니는 계속 아니라고, 소문에 신경 쓰지 말라고 하시지만 사실 기분 나빴을 거야. 게다가 리사 아주머니에 관한 내용은 전혀 사실이 아니야!"

아글라이아가 옷장을 뒤지며 대답했다.

"그럼 그분들께 그렇게 말씀드려. 하지만 그 일은 이따가 처리하자."

아글라이아가 짐짓 엄한 표정을 지으며 단호하게 말했다.

"난 지금 널 꼭 데리고 갈 거니까."

헤스티아의 입에서 웃음과 신음이 동시에 터져 나왔다.

"예, 예, 마님!"

헤스티아는 웃으며 아글라이아에게 베개를 휙 던졌다. 그러고는 자리에서 벌떡 일어나 머리를 빗고 옷을 갈아입었다. 룸메이트의 말을 따르니 기분이 차츰 나아졌다.

'날 꼭 데리고 가겠다는 건 진짜 나랑 같이 어울리고 싶다는 거겠지? 칼리오페도 오는 걸까? 그 애가 안 오길 바란다면 내가 너무 못된 걸까?'

"어머, 새로운 스타일이네! 근사해!"

아글라이아가 두건을 잘라낸 키톤을 보고서 기뻐했다.

"어차피 두건으로 가리지 않을 거니까 내가 머리를 매만져 줘도 될까?"

"아, 그럴래?"

헤스티아는 자신이 없어서 머리카락을 슬쩍 만져 보았다. 그러자 아글라이아가 잡지를 집어 들더니 '보는 이에게 미소를 선물하는 스타일'이라는 기사를 찾았다.

"여기엔 파마의 기사만 실려 있는 게 아니거든. 이번 호에는 요즘 새로 유행하는 헤어스타일도 소개되어 있어."

헤스티아는 고분고분 옷장에 달린 전신 거울 앞에 자리를 잡고 앉았다. 아글라이아는 헤스티아의 머리를 다섯 가닥으로 나누어 땋고서 뒤로 넘겨 다시 하나로 땋았다.

"우와!"

헤스티아는 거울에 비친 자기 모습을 보고 탄성을 터뜨렸다. 아글라이아는 머리를 땋아서 높이 틀어 올린 잡지 속 모델 그림을 가리켜 보였다.

"칼리오페가 점심 때 신간에 나온 머리 모양을 해 볼 거라고 하더라. 그게 바로 이 스타일이야."

헤스티아는 아글라이아와 함께 떠날 채비를 하면서 슬쩍 물었다.

"아, 그래? 칼리오페도 같이 가는 거야?"

헤스티아는 칼리오페가 안 왔으면 하는 마음이 목소리에 묻어나지 않기를 간절히 바랐다.

"칼리오페? 아니."

아글라이아가 방문을 열며 대답했다.

"숙제를 해야 한대. 아 참, 칼리오페가 룸메이트를 찾던데, 혹시 적당한 애가 있으면 칼리오페한테 소개해 줘. 알았지?"

헤스티아는 그제야 마음이 훅 놓였다.

'아글라이아가 방을 옮길까 봐 걱정했던 건 순 나만의 착각이었어! 정말 다행이야!'

그래도 혹시 모르니까 헤스티아는 수줍어하며 말했다.

"응. 나처럼 칼리오페도 멋진 룸메이트를 만나면 좋겠어."

아글라이아가 환하게 웃으며 대답했다.

"동감이야. 자, 룸메이트 아가씨, 그럼 출발할까요?"

여학생 기숙사 출입문으로 걸어가던 둘은 아르테미스의 방을 지나가게 되었다. 방문이 열려 있고 아프로디테가 안에서 아르테미스에게 이야기를 하고 있었다.

"반려견은 데려갈 수 없어. 그리고 가장 좋은 옷으로 차려입어. 교장 선생님 신전에 가다가 인간 팬을 만나게 되면 최고로 좋은 모습을 보여야 할 거 아냐."

"옙, 분부 받들겠사옵니다!"

아르테미스는 거수경례까지 붙이다가 헤스티아와 아글라이아를 보고서 환하게 웃었다. 헤스티아와 아글라이아는 아르테미스의 장난기에 까르르 웃음이 났다.

"너희들도 벽화 공개식에 갈 거야?"

아글라이아가 묻자, 아프로디테가 고개를 끄덕였다. 헤스티아가 알고 있는 바에 따르면, 원래 아프로디테와 아르테미스는 같은 방을 썼다. 하지만 아르테미스의 사냥개들이 늘 방을 엉망으로 만들어대자 못 견딘 아프로디테가 옆방으로 이사했다. 하지만 둘은 여전히 사이가 좋았고, 아르테미스는 여분의 옷장을 아프로디테가 추가로 더 쓸 수 있게 해 주었다.

15분 뒤, 헤스티아와 아글라이아는 제우스 신전으로 가는 학교 전차에 올랐다. 그날 행사를 위해 전차 두 대가 마련되었는데, 한 대는 올림포스 학교 상징인 파란색과 황금색으로 칠해진 일반 전차였고 나머지 한 대는 진보라색 전차 앞면에 커다란 황금색 번개가 그려져 있는, 학교 전차 중 가장 화려한 전차였다. 헤스티아와 아글라이아는 운 좋게도 화려한 전차에 타게 되었다.

진보라색 전차 승객은 헤스티아와 아글라이아, 헤파이스토스, 가디스 걸스 네 명(아프로디테, 아테나, 아르테미스, 페르세포네)

과 그들의 남자친구(아레스, 헤라클레스, 악타이온, 하데스), 메두사와 디오니소스, 그리고 판도라였다. 헤스티아는 혹시 파마가 있나 싶어 전차 안을 휘휘 둘러보았지만, 모습이 보이지 않았다. 그때 누군가가 파마는 벽화 작업에 참여한 핀티아스 선생님과 그 밖의 여러 화가를 인터뷰하러 먼저 떠났다고 말했다.

'어휴, 그 화가들도 부디 말조심해야 할 텐데. 안 그럼 우리 구름 글자 방출 여신께서 뭐라고 써 놓을지 알게 뭐람!'

전차가 출발하고 얼마 후, 옆자리에 앉은 아테나가 헤스티아 쪽으로 고개를 숙이며 말을 걸었다.

"기사 읽었어. 올리브를 이용해서 여러 가지 요리를 만들었다니 정말 기뻐. 고맙다는 말을 꼭 하고 싶었어."

"그래? 어, 나야말로 올리브를 만들어 줘서 고마워. 향이 좋아서 쓸모가 아주 많아."

아테나 옆에 있던 헤라클레스가 웃으며 농담을 던졌다.

"'올, 이분' 역시 뭘 좀 아시는군."

헤스티아 앞줄에 아프로디테와 함께 앉아 있던 아레스가 웃으며 고개를 돌리더니 헤스티아에게 말을 걸었다.

"난 요리는 영 별로인데 먹는 건 아주 많이 잘하거든. 그러니 혹시 시식 실험 대상이 필요할 때 언제든지 알려 줘."

주변에 있던 아이들이 일제히 하하 웃더니 아프로디테를 비롯한 여러 아이가 맛을 봐주겠다며 나섰다.

아프로디테는 금발 머리카락을 귀 뒤로 넘기며 방긋 웃었다.

"파마의 기사에 몇몇 문제가 과장되게 그려졌다는 거 알아. 그래도 난 파마가 너에 관한 기사를 써서 얼마나 기쁜지 몰라. 넌 늘 말이 없었잖아. 그런데 네가 이렇게 평범하고는 거리가 먼, 대단한 아이란 사실을 우리 모두 알게 되었는걸. 넌 정말 재능이 넘치는 여신이야!"

헤스티아는 기뻐서 얼굴이 환해졌다.

"고마워."

며칠 전만 해도 평범한 솥이 헤스티아의 성격과 잘 어울린다던 가디스 걸스한테서 따뜻한 칭찬을 들으니 기분이 정말로 좋았다. 그래도 헤스티아는 파마의 기사에 난 과장과 오류를 바로잡고 싶었다.

"내가 생각해 낸 메뉴는 몇 가지밖에 되지 않아. 그리고 옥토 아주머니와 리사 아주머니야말로 내게 요리를 가르쳐 주신 분들이야."

"누구한테 배웠다고?"

헤스티아는 식당 아주머니들의 이름조차 모르는 아이들을

위해 조리실 식구에 대해서 자세히 들려주었다. 차츰 더 많은 아이들이 재료 다듬는 법이나 요리법에 관해서 말을 걸어오자 헤스티아는 놀랍기도 하고 기쁘기도 했다. 아이들은 자기가 좋아하는 메뉴의 요리법 한 가지 정도는 배우고 싶어 했다.

그토록 좋아하는 '요리'가 이야기 주제이다 보니 헤스티아는 열정적으로 대화에 임했고, 그에 따라 타고난 수줍음이 점점 녹아내렸다.

빵 만들기에 대한 페르세포네의 질문에 한창 답을 해 주는 사이 전차가 목적지인 올림피아의 제우스 신전에 도착했다. 전차에 날개가 달려 있기도 했지만 헤스티아는 여행 내내 훨훨 나는 기분이었다.

학생들은 그리스에서 가장 유명한 신전을 향해 계단을 오르기 시작했다. 때마침 핀티아스 선생님과 동료 화가들이 신전을 떠나려 하고 있었다. 헤스티아는 잠시 멈춰 서서 웅장한 신전을 감상했다. 제우스의 키보다 다섯 배는 더 큰 기둥이 신전 정면에 여섯 개, 양쪽 옆면에 각각 열두 개씩 늘어서 있었다.

주위를 둘러보던 헤스티아는 저만치 앞에 친구들과 함께 걸어가는 아스카를 발견했다. 아마 학교를 상징하는 색으로 칠해진 전차를 타고 온 듯했다. 바로 그 순간, 헤스티아는 온몸이 뻣

뼛이 굳어버리는 것만 같았다. 파마가 신전 계단에서 화가 중 한 명과 인터뷰를 하고 있었다! 파마는 헤스티아와 눈이 마주치자 반갑게 웃으며 엄지를 척 들어 보였다.

'휴, 파마는 자기가 지금 일을 얼마나 엉망으로 만들어 놓았는지 전혀 모르나 봐.'

헤스티아도 일단 미소로 답했지만 아무래도 입가가 묘하게 떨렸다. 이어 헤스티아는 파마가 말을 걸기 전에 서둘러 계단을 오르기 시작했다. 신전으로 오는 여행길에 파마에 대한 분노가 어느 정도 사그라들었지만, 아직 용서해 주기까지는 어려웠다.

"헤스티아 언니, 잠깐만요!"

누가 뒤에서 소리쳤다. 헤스티아가 소리 난 쪽으로 돌아보니 이리스의 단짝이자 화환의 여신인 안테이아가 몇 계단 밑에서 헤스티아를 향해 손을 흔들고 있었다.

"언니, 요리 교실은 정확히 언제부터 시작할 거예요?"

안테이아가 헤스티아 옆에 도착하자마자 숨을 헉헉대며 물었다. 계단을 뛰어오르느라 갈색 생머리 위에 얹은 귀여운 화환이 삐뚜름하게 흘러내렸다. 안테이아는 화환을 고쳐 쓰면서 헤스티아와 보조를 맞추어 계단을 올랐다.

"파마 언니한테 요리 교실 얘기 들었어요. 이리스랑 저랑 꼭 듣고 싶어요."

파마가 또 엉뚱한 얘기를 퍼트린 모양이었다.

'난 다른 아이들한테 요리 가르친다는 얘기는 입도 뻥긋한 적이 없는데!'

"파마 언니가 쓴 기사 정말 대단하지 않아요?"

안테이아가 계속 이야기를 이어갔다.

"기사를 쓰는 동안 파마 언니가 나랑 이리스한테 몇 가지 이야기를 먼저 들려줬거든요. 기사를 제대로 쓰려고 파마 언니가 정말 애를 많이 썼어요. 헤스티아 언니가 그 기사를 마음에 들어 하길 진심으로 바라는 게 눈에 훤히 보일 정도였다니까요."

그 말을 듣자 헤스티아는 파마에 대한 마음속의 앙금이 싱크대 물 빠지듯 쏴아 흘러 나가는 걸 느꼈다.

'파마가 일부러 날 곤란하게 만들려고 그렇게 쓴 건 아니잖아. 그 애는 그저 날 돕고 싶다는 생각이었어. 기사를 지금과는 다르게 써주었다면 더 좋았겠지만, 파마는…… 결국 파마니까. 정확성이 파마의 강점은 아니잖아. 아마 그 점은 앞으로도 변함없을 거야.'

헤스티아는 천천히 입을 열었다.

"파마가…… 그 기사를 써준 데 대해 고맙게 생각하고 있어. 너랑 이리스가 도와준 점도 고맙게 생각해."

그때 저만치 위에서 이리스가 안테이아를 소리쳐 불렀다.

"언니, 그럼 요리 교실 일정 확정되면 꼭 알려 주세요. 화환에 쓰는 꽃 중에 먹어도 되는 것들이 있거든요. 요리에 그 꽃을 활용하는 법을 배우고 싶어요. 머핀에 꽃을 올린다든가 그런 식으로요!"

"아, 하지만……."

헤스티아가 요리 교실 계획은 파마가 착각한 거라고 해명할 틈도 없이, 안테이아는 말을 마치자마자 곧장 이리스에게 달려가 버렸다.

잠시 후 드디어 신전 안으로 들어선 순간, 헤스티아의 눈에 가장 먼저 들어온 것은 왕좌에 앉은 황금 제우스상이었다. 크기가 실로 어마어마해서 못 보려야 못 볼 수가 없었다.

'와, 이건 세계 7대 불가사의에 꼽힐 만한 작품이야!'

이어 헤스티아는 신전 안을 천천히 둘러보았다. 모퉁이마다 장식이 새겨진 커다란 화병이 놓여 있었다. 신전 한쪽 벽은 빨간색 실크 커튼으로 가려져 있었는데, 아마도 그 뒤에 벽화가 그려져 있는 듯했다.

시간이 흐르고 신전 안에 구경꾼들이 가득 들어차자, 흰머리를 30센티미터 높이의 휘핑크림처럼 틀어 올린 여자가 커튼 뒤에서 걸어 나왔다.

"안녕하세요? 저는 제1회 인간세상공로상선정위원회의 위원장입니다. 오늘 밤 공로상 최종 수상 후보를 발표하게 되어 큰 영광으로 생각합니다! 저희 선정 위원회는 올림포스 학교 학생들이 직접 등록한 후보 명단에서 최종 후보 열한 명을 뽑았습니다."

구경꾼들 사이에 긴장감이 점점 높아졌다.

"이 최종 후보를 놓고 인간 세상에서 투표가 있을 것입니다. 열한 명 중 오직 한 명만이 최종 수상의 영광을 얻게 되지요. 투표는 금요일 동틀 때부터 해질 때까지 이루어집니다."

위원장은 벽을 가린 커튼을 향해 다가가며 말을 이었다.

"이제부터 공개될 이 걸작은 최종 후보 열한 명의 모습을 담고 있으며 앞으로도 계속 이 신전 벽에 남아 사람들의 찬양을 받을 것입니다. 자, 그럼, 보시죠!"

위원장이 커튼 끝을 잡고 아래로 휙 잡아당겼다.

"우와!" 하는 함성이 구경꾼들 사이에서 터져 나왔다. 헤스티아도 벽화를 보고 싶어 까치발을 했지만, 구경꾼들이 앞을 가리고 있어서 벽화 속 인물들의 정수리만 보였다.

'아프로디테? 저건 아테나인가? 알아볼 수가 없네.'

그때 갑자기 주위에 있던 이들이 축하 인사를 건네며 헤스티아를 앞으로 밀어 보냈다. 이내 헤스티아는 벽화를 바로 눈앞에 마주하게 되었다.

올림포스 학교 학생 열한 명이 저마다의 상징과 함께 벽 전체를 화려하게 장식하고 있고, 그림 아래쪽에는 그들의 이름이 섬세하게 새겨져 있었다.

'어머나! 저 여신은 나랑 비슷하게 생겼어. 세상에! 저건 내 이름이잖아!'

그렇다! 헤스티아가 최종 후보로 뽑힌 것이다! 구경꾼들은 아름다운 벽화에 감탄을 터뜨리고, 최종 후보로 뽑힌 아이들에게 응원의 환호성을 보냈다. 〈주간 그리스 신문〉에서 나온 화가가 최종 후보 열한 명에게 각자 자기 그림 앞에 서서 자세를 취해 달라고 요청했다.

헤스티아는 자신이 최종 후보에 들었다는 사실만으로도 얼떨떨했다. 그런데 헤스티아 그림이 열한 명 중 한가운데에 놓여 있어서 유일하게 앞을 똑바로 바라보고 있는 게 아닌가! 양쪽의 다섯 명은 헤스티아 쪽으로 몸을 비스듬히 틀고 서 있는데, 마치 헤스티아가 들고 있는 불꽃에 끌리는 듯 보였으며, 그 불꽃은 열한 명 전체에게 빛을 뿌리고 있는 것 같았다. 헤스티아의 양쪽에는 하트 모양 거울을 들고 있는 아프로디테와 어깨에 부엉이가 올라앉은 아테나가 서 있었다.

나머지 여덟 명은 머리 위에 무지개가 둥글게 뜬 이리스, 가슴에 꽃다발을 끌어안은 페르세포네, 뚜껑에 물음표가 그려진 상자를 들고 있는 판도라, 삼지창을 손에 들고 있는 포세이돈, 창을 부여잡은 아레스, 포도 덩굴 화관을 쓴 디오니소스, 몽둥이를 휘두르는 헤라클레스, 그리고 리라를 켜고 있는 아폴론이었다.

헤스티아는 화가들이 그린 자신의 이미지를 보며 생각에 잠겼다.

'그저 순해 빠진 게 아니라, 다정하면서도 동시에 자신감 넘쳐 보여! 난 내가 자신감 있는 성격이라고 여겨 본 적이 없는데. 하지만 나도 저 벽화 속의 여신처럼 당당해지고 싶어, 진심으로! 그리고 그렇게 되도록 노력할 거야!'

"얏호!"

아프로디테가 아테나를 바라보며 기쁨의 탄성을 질렀다. 이제 막 〈주간 그리스 신문〉의 화가가 드디어 스케치를 마친 참이

었다.

"축하, 축하!"

아테나도 기뻐하며 아프로디테를 꼭 끌어 안아 주었다. 이어 둘은 나머지 후보들을 차례로 안으며 축하 인사를 건넸다. 헤스티아의 차례가 되자 아프로디테가 말했다.

"불꽃 상징 정말 멋져. 핀티아스 선생님이 보고 '오, 짜잔한데!' 하셨을 것 같아. 솥보다 너한테 훨씬 잘 어울려."

헤스티아는 가슴속이 따뜻해지는 느낌이었다.

"룸메이트 님, 감축 드리옵니다!"

아글라이아가 달려와서 헤스티아를 꼭 끌어안았다.

"이야, 인정, 인정!"

아스카도 와서 축하 인사를 건넸다. 아스카는 그사이에 다시 초록색 재킷을 입고 있었다.

"게다가 한가운데 자리잡아. 진짜 멋져!"

"고마워."

아프로디테와 아글라이아가 다른 친구들을 만나러 자리를 뜨자, 헤스티아는 아스카에게 의미심장한 눈빛을 보내며 궁금했던 것을 물어보았다.

"파마의 기사 봤어?"

"음, 네가 말 꺼내지 않았으면 난 그 이야기는 안 하려고 했는데."

아스카는 씩 웃으며 농담을 던졌다.

"우와! 네가 올림포스 학교 식당 운영의 총책임을 지고 있는 줄 몰랐어! 수업을 들으면서 그런 막중한 임무까지 해낼 수 있다니 너 정말 대단하구나."

헤스티아는 아스카의 팔을 쥐어박는 척하며 농담으로 응수했다.

"그래. 얼마나 힘든 줄 알아? 나름대로 최선을 다하고 있다고. 부디 이 막중한 임무 때문에 이상한 별명이나 생기지 않았으면 좋겠어."

"흐음, 불꽃과 관련된 별명이라?"

아스카가 볼을 톡톡 치면서 골똘히 생각하는 척하더니 웃으며 말했다.

"아하, '반짝이' 어때?"

헤스티아는 까르르 웃으며 두 손에 얼굴을 파묻었다.

"오, 제발. 안 돼애애애애!"

아이들이 올림포스 학교로 돌아가는 전차를 타기 위해 신전 밖으로 나오자, 사람들이 우르르 다가왔다. 헤스티아는 깜짝 놀라서 옆으로 비켜섰다.

'아프로디테에게 연애 문제를 상담하려고 그러나 봐. 자주 있는 일이라고 들었어.'

그런데 더욱더 놀랍게도 그중 몇몇이 헤스티아 쪽으로 오더니 말을 걸었다.

"여기 사인 좀 해 줄래요?"

사람들이 잡지를 펼치더니 파마의 기사 부분을 내밀었다.

헤스티아는 순간 멍하게 서 있다가 고개를 흔들었다.

"아, 죄송해요, 펜을 안……."

"나중에 돌려줘."

곁에 있던 아프로디테가 빙그레 웃으며 분홍색 깃털 펜을 건네더니 손을 흔들며 전차로 달려가 버렸다.

헤스티아가 분홍색 글씨로 차례차례 사인해 주고 있는데, 팬 중 한 명이 감탄하는 눈으로 바라보며 말했다.

"공동 화로가 인간 세상에 얼마나 도움 되는지 몰라요. 정말 큰 선물을 주셨어요!"

"맞아요."

모두 고개를 끄덕이는 사이, 다른 팬이 말을 꺼냈다.

"불씨가 늘 있으니까 가족이 먹을 음식을 제때 장만하지 못

할까 봐 노심초사할 일이 없어요. 난방이 필요할 때도 언제든지 불을 피울 수 있고요. 공동 화로를 마련하면 다 해결되는 일인데, 전에는 아무도 그런 생각을 못 했잖아요."

또 다른 팬이 손뼉을 짝 치며 거들었다.

"그래서 불멸의 존재가 대단한 거죠. 크든 작든 우리가 겪는 문제를 해결하도록 늘 도와주잖아요. 고마워요!"

갸름한 얼굴에 검고 긴 생머리를 가진 여자가 물었다.

"혹시 요리법을 인간에게 전수해 줄 생각은 없나요? 기사에 난 음식 얘기를 읽어 보니 정말 맛있을 것 같더라고요!"

헤스티아가 대답을 하기 위해 숨을 고르는데, 난데없이 파마가 불쑥 나타났다.

"그 요청을 하는 사람이 한두 명이 아니에요!"

파마가 구름 글자를 퐁퐁 뿜어내며 사람들에게 다다다 소식을 전했다.

"오늘 아침에 기사가 나간 뒤로 헤스티아의 요리법을 알려 달라는 요청이 빗발쳐서 잡지사 업무가 마비될 정도였어요!"

헤스티아는 파마를 보며 눈을 휘둥그레 떴다.

"정말?"

그러자 검은 머리 여자가 반가운 기색으로 말했다.

"아예 정규 기사로 실으면 어때요? 요리 칼럼을 쓰는 거죠! 아, 제목은 '여신의 집밥'이라고 하면 어떨까요?"

사람들이 "와!" 하며 탄성을 질렀다.

"정말 멋진 아이디어네요."

헤스티아는 흥분해서 눈을 반짝반짝 빛내다가 문득 불안한 눈빛으로 파마를 슬쩍 쳐다보았다.

"넌 어떻게 생각해?"

어찌 되었든 이 모든 일이 일어날 수 있었던 것은 파마 덕분이었다. 헤스티아는 〈십대들의 두루마리〉 잡지에 칼럼을 연재해서 파마의 기분을 상하게 하고 싶지 않았다. 그런데 정작 파마는 그 생각이 정말로 마음에 드는 눈치였다.

"장난하니? 넌 내 특종이잖아. 편집부 식구들도 널 발견해서 얼마나 기뻐했는지 몰라. 요리 칼럼 아이디어도 틀림없이 환영하실 거야. 물론 네가 할 마음이 있고, 시간을 낼 수만 있다면 말이야."

"시간을 내어 볼게! 난 요리법 쓰는 걸 아주 좋아하거든. 한 해 정도는 연재할 수 있을 만큼 이미 써 놨어."

팬들에게 작별 인사를 하고서 전차로 걸어가는 동안 헤스티아는 살며시 손을 뻗어 파마의 팔을 꼭 잡았다.

"고마워, 날 눈여겨 봐줘서. 음, 전부…… 전부 다 고마워."
헤스티아는 파마의 실수를 용서했고, 한 마디 한 마디가 진심이었다.
'결국 파마가 내게 은혜를 베푼 셈이잖아.'
파마가 빙그레 웃으며 답했다.
"나야말로. 자, 이제 돌아가자. 그럼 학교에서 만나!"
파마는 주황색 날개를 파닥이며 하늘로 쌩 날아올랐다.
학교로 돌아가는 동안 헤스티아는 조용히 하루를 되돌아보았다.
'엉망으로 시작한 하루가 이렇게 근사하게 마무리되다니 놀랍기도 하고 감격스러워. 이제 딱 하나 남은 일은 옥토 아주머니, 리사 아주머니와 화해하는 거야. 새 친구를 사귀는 건 멋진 일이지만, 대신 옛 친구를 잃으면 아무 소용없으니까!'

11
사태 수습

저녁 식사 시간이 끝날 무렵, 전차가 올림포스 학교에 도착했다. 신전에 다녀온 아이들은 배가 고파서 서둘러 학생 식당으로 갔다. 저녁 식사 시간의 식당에는 그릇이 쨍강거리는 소리, 아이들 수다 떠는 소리가 가득했다. 그런데 헤스티아와 아이들이 식당에 들어선 순간, 웅성대던 소음이 "와!" 하고 최종 후보자로 뽑힌 아이들에게 보내는 함성으로 바뀌었다.

'어머, 어떻게 벌써 알았지?'

의아해하는 헤스티아의 눈에 식당을 이리저리 날아다니는 파마의 모습이 보였다.

'아, 그래서 파마가 그렇게 서둘러 떠났구나.'

식당 위에 신전에서 있었던 소식을 알리는 구름 글자가 둥실둥실 떠 있었다.

'하여튼 파마가 주변에 있으면 소문이 빨리 퍼져!'

옥토 아주머니는 오늘도 변함없이 배식구에 서서 아이들에게 음식을 나눠 주고 있었다. 하지만 리사 아주머니의 모습은 어디에도 보이지 않았다. 헤스티아는 일단 식사를 하고 기운을 낸 뒤 조리실에서 리사 아주머니를 찾아보기로 하고 쟁반을 들고서 배식 줄에 섰다.

'앗, 이런!'

정신을 차리고 보니 이번에도 마카이와 퀴도이모스의 바로 뒤였다.

'이 둘도 벽화 소식을 들었을까? 파마가 와 있으니까 아마 들었을 거야.'

아니나 다를까, 헤스티아를 본 두 악동이 서로 쿡쿡 찌르며 눈길을 주고받았다.

"어이, 이게 누구야? 부엌데기 공주 불씨 아줌씨 아냐?"

마카이가 인상을 팍 쓰며 못된 소리를 하자, 퀴도이모스가 보란 듯이 히죽히죽 웃어댔다.

순간 헤스티아의 얼굴이 핏기를 잃었다. 지금까지 이 두 악

동의 표적이 된 적은 없는데, 파마의 기사와 신전 벽화 소식 때문에 상황이 달라진 듯했다. 잔뜩 위축된 헤스티아는 거의 반사적으로 두건을 쓰려고 목덜미로 손을 뻗었다. 하지만 아무것도 손에 잡히지 않았다.

'아, 두건을 떼어 냈지.'

다음 순간, 헤스티아는 다정하면서도 자신감 넘치던 벽화 속의 자기 모습을 떠올렸다.

'그래! 그 모습을 실천해 보는 거야.'

헤스티아는 어깨를 쭉 펴고 서서 마카이와 퀴도이모스를 번갈아 가며 똑바로 바라보았다.

"너희들이 뭘 좀 잘못 알고 있나 본데, 내 별명은 반짝이야."

이어 헤스티아는 아프로디테처럼 머리카락을 뒤로 휙 넘기며 덧붙였다.

"그리고 난 '공주'보다는 '여왕'이 더 좋아."

마카이와 퀴도이모스는 무른 줄만 알았던 헤스티아가 당당하게 맞서자 할 말을 잊고 멍하니 쳐다보기만 했다. 헤스티아는 용기를 그러모아서 다정하게 웃어 보였다.

"아, 참고로 알려 주는 건데, 내가 지금 새로운 오징어 요리를 연구 중이거든. 완성되면 너희들을 생각하며 이름을 붙이려고 해."

헤스티아는 일부러 뜸을 들이고서 말했다.

"마퀴 버무리라고 말이야."

근처에 있던 아이들이 듣고서 키득키득 웃어댔다. 이번에도 마카이와 퀴도이모스는 입도 벙긋하지 못했다. 둘은 옥토 아주머니가 한 번에 여덟 명에게 내어 준 음식 쟁반을 받아 들고서 슬그머니 자리를 떴다.

둘의 뒷모습을 의기양양하게 바라보던 헤스티아의 머리에 번뜩 떠오르는 생각이 있었다.

'아, 남은 두 가지 목표 중 하나를 방금 이루었어. 마카이와 퀴도이모스가 괴롭히지 못하도록 누군가를 편들어 지켜 줬잖아. 바로 나 자신을 말이야!'

이제 '새로운 나를 위한 요리법'에 단 하나의 목표만 남아 있었다. 헤스티아는 호주머니에 손을 넣었다가, 수첩이 다른 키톤에 들어 있다는 걸 깨달았다.

'상관없어. 뭐라고 썼는지 정확히 기억하고 있으니까. 아주 대담한 요리를 만들어 보는 거야! 토요일 잔치에 내어놓을 후식이 딱 그래야 하는데. 아, 뭔가 아주 대담하면서도 모험적인 후식이 없을까?'

생각에 빠진 헤스티아에게 옥토 아주머니가 함박웃음을 지으며 쟁반을 내밀었다.

'내가 저 두 악동에게 하는 말을 듣고 웃으시는 걸까, 아니면 그저 날 봐서 기쁘신 걸까?'

헤스티아의 생각에 대답이라도 하듯, 옥토 아주머니가 말을 걸었다.

"최종 후보에 들었다며! 우리 귀여운 파이, 축하한다!"

"고맙습니다. 조리실에는 별일 없나요?"

옥토 아주머니가 고개를 끄덕였다.

"리사 아주머니가 돌아왔거든. 얼마나 다행인지 몰라."

옥토 아주머니는 뭔가 생각난 듯 얼른 말을 이었다.

"아침에 내가 영 가라앉아 있었지? 미안하구나. 파마의 기사하고는 정말 아무 상관이 없어. 소테리데스가 하도 성가시게 굴어서 기분이 좀 언짢았단다. 어휴, 그 인간은 멸치 덕장에 보내야 해. 옆에 두면 온종일 들들 볶아대서 멸치가 아주 바싹바싹 마를 테니까!"

헤스티아가 까르르 웃음을 터뜨리자, 옥토 아주머니도 신나게 웃더니 다시 열심히 음식을 퍼서 아이들에게 나눠 주기 시작했다.

옥토 아주머니의 유쾌한 농담에 기운이 난 헤스티아는 식당에서 식사하려던 계획을 바꾸고 리사 아주머니를 찾아 조리실로 갔다.

'아, 계신다!'

리사 아주머니는 바닥에 떨어진 넥타르로니를 빨아들이고 있었다. 헤스티아는 가까운 조리대 위에 쟁반을 올려놓고서, 행주를 들고 조리대에 튀어 있는 소스를 닦았다.

"아이고, 뭐 하는 거냐?"

리사 아주머니가 호들갑스럽게 헤스티아를 말렸다.

"이건 내 일이야. 너도 들었겠지만, 청소야말로 내 능력에 딱 맞는 일이거든."

헤스티아는 움찔했다.

'윽, 기사에 나온 문장을 그대로 가져다 말하셨어!'

헤스티아는 마음을 가다듬고서 최대한 진지하고도 솔직하게 말을 꺼냈다.

"죄송해요. 파마의 기사에 잘못된 내용이 너무 많아요. 그리고 제가 아주머니에 대해 했던 이야기 중에 가장 중요하고 좋은 내용은 다 빠졌더라고요. 제가 만나본 어른 중에서 리사 아주머니가 가장 친절하고, 너그럽고, 멋진 분이라는 거요. 아주머니가 제게 얼마나 많은 것을 가르쳐 주었는지, 그리고 이곳에 처음 왔을 때 외로움에서 날 건져 내준 분도 바로 아주머니라는 얘기가 실려야 했는데!"

"옴마나, 헤스티아, 너 갑자기 왜 그러냐?"

리사 아주머니가 깜짝 놀랐는지 하던 일을 멈추고 조리대에 기대어 섰다.

헤스티아는 고개를 들고 리사 아주머니를 바라보며 조심스럽게 되물었다.

"잡지 기사 때문에 화나신 거 아니에요?"

"엉? 당연히 아니지! 다들 파마 스타일을 알잖니? 기사 내용 대부분이 넌 한 적도 없는 말이라는 걸 딱 읽어 보니 알겠더라. 파마가 하는 말은 적당히 소금 간을 해서 들어야 해. 아, 후추도 뿌리고."

헤스티아는 리사 아주머니의 유머에 풋 하고 웃음이 났다. 그러자 리사 아주머니도 빙그레 웃으며 말했다.

"솔직히 난 그 기사가 나오고 나서 나한테 쏟아지는 관심을 어느 정도 즐기는 중이란다. 이제는 애들한테 서두르라고 재촉하거나, 식당 규칙을 지키라고 잔소리해야 할 때 진지한 얼굴로 후추 통만 들면 되잖아!"

"아, 이제야 마음이 놓이네요! 점심시간에 안 보이셔서 기사 때문에 저한테 화가 나신 줄 알았어요. 그런데 대체 어디 갔다 오신 거예요?"

헤스티아는 자리에 앉아 넥타르로니를 한입 가득 떠먹었다.

'으으음! 맛있어!'

리사 아주머니는 다른 곳에 떨어져 있던 넥타르로니를 빨아들이느라 고개를 숙인 채 곁눈질로 헤스티아를 바라보았다.

'어머나, 아주머니 얼굴이 빨개졌어!'

"응, 옥토 아주머니가 아무 말도 안 했나 봐? 음, 그럼 내가 말해야겠네. 다음 주말에 여기를 그만둘 거란다."

"네? 왜요?"

헤스티아는 너무 놀라서 배고픔마저 느껴지지 않았다.

"오늘 새 일자리 면접을 보고 왔단다. 그리고 합격했어! 소테리데스 씨가 불멸 쇼핑센터에 새 식당을 열 건데 거기서 일하게 될 거야. 식당 이름은 '왕의 맛집'이란다."

리사 아주머니는 너무나 행복해 보였다. 헤스티아는 아주머니의 기쁨을 조금도 축내고 싶지 않아서 마음을 가다듬었다.

"어머나, 정말 잘됐어요!"

말은 그렇게 했지만, 사실 헤스티아는 엉엉 울고 싶은 기분이었다. 헤스티아에게 리사 아주머니는 또 다른 엄마 같은 존재였다.

'리사 아주머니가 올림포스 학교를 떠난다니!'

"헤스티아 너도 좋은 소식이 들리더구나. 인간 세상 공로상 최종 후보에 든 거 정말 축하해!"

리사 아주머니는 헤스티아를 꼭 안아 주었다.

"고맙습니다."

헤스티아는 조리실을 휘휘 둘러보며 물었다.

"도와 드릴 일 없어요?"

리사 아주머니가 떠난다는 소식을 듣고부터 목이 메어서 도저히 밥이 넘어갈 것 같지 않았다.

헤스티아는 울지 않으려고 마른 행주를 잡고서 설거지해 둔 조리 도구를 닦기 시작했다. 리사 아주머니가 음식 찌꺼기를 치우는 동안, 헤스티아는 신전 벽화에서 자기 모습을 발견하고 얼마나 놀랐는지, 그리고 자신이 벽화 한가운데에 있어서 얼마나 기뻤는지 이야기를 들려주었다.

"우리 헤스티아가 벽화 속의 여왕님이었구나!"

헤스티아는 그 말을 들으니 마카이, 퀴도이모스가 붙이려 했던 별명이 생각나서 인상을 살짝 찌푸렸다.

"왜? 무슨 일 있었니?"

곧바로 헤스티아는 배식 줄에서 있었던 일을 줄줄 쏟아냈다.

"마퀴 버무리?"

리사 아주머니는 눈물까지 찔끔거리며 신나게 웃었다. 겨우 웃음이 잦아들자, 아주머니가 상냥하게 말했다.

"그 둘이 못되게 굴 때가 많지. 하지만 그 녀석들도 마음 깊숙한 곳에는 착한 면이 있을 거야."

헤스티아는 잠시 생각해 보고서 대답했다.

"있다면 아주, 아주, 아주, 아주 깊숙한 곳에, 지하 세계에 다다를 만큼 깊은 곳에 있을 것 같아요."

헤스티아와 리사 아주머니는 다시 배를 잡고 웃었다. 웃음이 잦아들자 헤스티아는 리사 아주머니를 꼭 끌어안았다.

"아주머니는 정말 최고예요. 항상 남의 좋은 점만 보잖아요. 아주머니가 정말 보고 싶을 거예요. 아주머니가 가고 나면 이제 시시콜콜한 이야기를 누구한테 하죠?"

"친구들한테 하면 되지! 이번 주에 네가 얼마나 많은 친구를 사귀었는지 내가 알아차리지 못했을 것 같니? 게다가 날개 샌들을 신으면 불멸 쇼핑센터까지는 금방이잖아. 언제든지 식당으로 찾아오렴."

리사 아주머니는 헤스티아와 눈을 마주치며 덧붙였다.
"안 오면 속상해할 거야!"
얼마 후 헤스티아는 조리실을 나섰다. 리사 아주머니 소식을 처음 들었을 때보다는 아주, 정말 조금 마음이 놓인 채였다.
'아주 멀리 가시는 건 아니잖아. 그리고 아주머니가 새로운 모험을 떠나게 되어 진심으로 기뻐하고 계시고 말이야. 그럼 나도 기뻐해야지.'

다음 날 목요일, 헤스티아는 3교시 요리 실습 시간은 물론이요, 쉬는 시간까지 모조리 후식 실험에 투자했다. 그러다 금요일 아침에 문득 아레스가 농담 반 진담 반으로 했던 말이 기억났다. 자신을 실험 대상으로 써 달라던 부탁이었다. 헤스티아는 다른 지원자도 있을지 좀 더 대담하게 물어보기로 했다.
'잔치가 열리기 전에 어떻게든 제대로 된 걸 만들어 내려면 도움을 받아야 해!'
수업이 끝날 즈음, 다섯 명의 지원자가 나타났다. 맨 처음 말을 꺼냈던 아레스를 비롯해 아프로디테, 아스카, 아글라이아와 헤파이스토스가 손을 들었다. 한편 헤스티아는 지원자들에게 수상자 축하 잔치에 쓸 후식을 개발 중이라는 사실을 알리지 않기로 마음먹었다.

　마지막 수업이 끝나자마자 헤스티아는 조리실로 달려가서 세 가지 실험용 케이크 중 첫 번째를 반죽해서 오븐에 넣었다. 케이크 후식을 만들겠다는 계획은 변함이 없는데, 트로피 아이디어를 포기하고 나니 어떤 모양으로 만들어야 할지 도무지 감이 오지 않았다.

　지원자들이 식당에 나타날 즈음, 1번 케이크가 조리대 위에서 시식 실험을 기다리고 있었다. 그런데 실수로 오븐에서 너무 빨리 꺼낸 탓에 헤스티아는 이미 그 케이크가 영 마음에 들지 않았다.

　가장 먼저 아레스가 덜 구워진 케이크를 한 입 먹어 보더니 환한 표정으로 말했다.

　"으으음, 이 초콜릿 푸딩 어마어마한데!"

　'그래, 어마어마한 실패작이야.'

　헤스티아는 가운데가 푹 꺼진, 질척거리는 덩어리를 바라보며 속으로 한탄했다. 아프로디테가 팔꿈치로 아레스를 쿡 찌르며 눈치를 주더니, 헤스티아에게 미안하다는 표정을 지었다.

　"괜찮아."

　헤스티아가 얼른 대답했다.

"모두 솔직하게 얘기해 줘."

헤스티아는 아레스를 향해 씩 웃으며 덧붙였다.

"마음에 든다니 기뻐. 그런데 이건 푸딩이 아니라 케이크를 만들려 했던 거야."

"아, 미안해."

아레스가 멋쩍은 듯 고개를 떨구더니, 이내 숟가락을 흔들며 기운차게 소리쳤다.

"푸딩이든 케이크든 무슨 상관이야. 맛만 좋은데!"

"옳소!"

아스카가 자기 숟가락에 남은 초콜릿까지 싹싹 핥으며 맞장단을 쳤다.

"얘들아, 그럼 두 번째 실험을 시작해 볼까?"

헤스티아는 한 손으로 반죽을 섞으면서 나머지 손으로 달걀을 깨어 넣었다.

"오오오, 신기하다!"

아스카가 눈이 휘둥그레져서 감탄을 터뜨렸다.

"요령이 있어."

헤스티아는 달걀을 손바닥 위에 올려놓고서 설명을 이었다.

"반죽 그릇 가장자리에 대고 달걀을 치는데 가운데에 금이

갈 정도만 힘을 주는 거야. 그런 다음 둘째와 셋째 손가락으로 껍데기를 벌리는 거지. 이렇게, 짠!"

헤스티아가 시범을 보이자 끈적한 달걀 속만 그릇 안으로 깔끔하게 떨어져 내렸다.

'어머, 다들 굉장히 흥미 있어 하네. 흠, 두 번째 케이크 반죽이 익는 동안 요리를 가르쳐 줄까?'

헤스티아는 식품 저장고에서 달걀 한 판을 꺼내 와서 아이들에게 연습할 그릇과 함께 나눠 주었다.

"네가 하는 걸 보면 쉬운 것 같은데……."

아글라이아가 달걀을 탁 하고 깼다. 안타깝게도 노른자가 터지고, 껍질 조각까지 그릇에 떨어졌다. 아프로디테의 시도도 실패였다. 아글라이아와 아프로디테는 하는 수 없이 숟가락으로 달걀 껍데기를 살살 걷어 냈는데, 자꾸만 껍데기가 그릇 안으로 도로 미끄러져서 생각보다 시간이 훨씬 오래 걸렸다.

"그래도 너희 달걀은 그릇에 들어갔잖아."

달걀을 아예 조리대 위에 퍽 떨어뜨린 헤파이스토스가 위로 아닌 위로를 전했다.

"달걀 껍데기 깨기 장인이 되려면 자신의 껍데기를 깨는 고통과 청소 수련이 따라야 해."

헤스티아가 농담을 던지자, 다들 즐겁게 한바탕 웃었다. 그리고 그때부터 너도나도 말장난을 시작했다.

"아, 달걀 깨기가 이렇게 어려워서 다들 '삶은 달걀'이라고 하는 거구나."

힘을 너무 줘서 달걀을 아예 부서뜨린 아스카가 웃으며 중얼거렸다.

"이런, 완전 계란으로 바위 쳤네!"

유일하게 한 손으로 달걀 깨기에 성공한 아레스가 신이 나서 외쳤다.

"원래 초짜가 운이 좋아."

헤파이스토스가 일부러 코웃음을 치며 장난을 걸자, 아스카도 거들고 나섰다.

"두 번 연속 성공은 아무래도 어렵지."

그런데 아레스는 그다음 번에도 보란 듯이 성공했다. 동그란 노른자와 말랑한 흰자가 멀쩡한 상태로 반죽 그릇 가운데 깔끔하게 들어갔다.

"공 던질 때처럼 달걀을 잡아 봐."

아레스가 친구들에게 조언하자, 아프로디테가 짐짓 한숨을 쉬며 대꾸했다.

"난 공놀이 잘 못 하는데? 달걀 깨려고 공놀이부터 연습해야 하면, 이거야 원 닭이 먼저냐 달걀이 먼저냐도 아니고!"

하지만 몇 번 더 연습하자, 다들 최소 한 번씩은 성공하게 되었다.

그사이 케이크를 꺼낼 때가 되었다. 헤스티아는 오븐 뚜껑을 열고서 주의 깊게 케이크 상태를 살폈다.

"이번에는 더 잘 익은 것 같아. 반죽이 익으면서 케이크 틀 가장자리에서 살짝 떨어져 나온 게 보이지?"

헤스티아는 오븐 안으로 손을 넣어서 케이크 윗면을 살짝 눌러 보았다.

"느낌이 단단해. 이것도 잘 익었다는 증거야."

헤스티아가 오븐에서 케이크를 꺼내어 조리대 위에 올려놓자, 아글라이아가 탄성을 터뜨렸다.

"흐으음, 이 달콤한 향기!"

"먹어 봐도 되지?"

아레스가 조바심을 내며 손을 뻗자, 아프로디테가 숟가락으로 아레스의 손을 톡 치며 막았다.

"손이랑 입을 데고 싶어서 그래?"

두 번째 케이크가 충분히 식을 동안 헤스티아는 아이들과 함께 세 번째 케이크 반죽을 만들었다. 그런데 시식 실험 대상 겸 요리 보조 겸 학생이 된 아이들은 재료를 계량하거나 체로 치거나 하는 과정에 대해 거의 아는 바가 없었다.

'그럴 수밖에. 아이들은 지금까지 요리를 해 볼 기회가 사실상 없었잖아.'

헤스티아가 세 번째 케이크 반죽을 오븐에 넣자, 아레스가 진지한 얼굴로 말했다.

"지금까지 우리가 먹는 음식이 어떻게 마련되어서 식탁에 오르게 되는지 한 번도 생각해 본 적이 없어. 그냥 거기 있는 게 당연하다고 여겼지."

철퍼덕!

모두 소리 난 쪽으로 눈길을 돌렸다. 아글라이아가 실수로 건드린 달걀이 데구루루 굴러가더니 바닥에 떨어져 터져 있었다. 헤파이스토스가 얼른 아글라이아를 도와 청소를 하며 농담을 던졌다.

"요즘 폭발 사고가 거의 일상이 된 것 같아."

다른 아이들이 의아해하자, 헤파이스토스와 아글라이아는 그 주 초에 대장간에서 폭발이 일어나면서 불꽃이 사방으로 날렸다는 이야기를 들려주었다.

헤스티아는 반죽 그릇을 싱크대에 넣으며 생각에 잠겼다.

'흐으음, 폭발이라…….'

다음 순간, 헤스티아는 전기에 찌르르 감전된 것 같은 기분을 느꼈다.

'그래, 그거야!'

근사한 후식 아이디어가 떠올랐지만, 이내 질문이 꼬리에 꼬리를 물고 이어졌다.

'너무 요란한 건 아닐까? 너무 위험하진 않을까?'

헤스티아는 그라이아이의 충고를 떠올려 보았다.

"너의 빛을 그렇게 냄비 밑에만 숨겨 놓으면, 다른 이들에게 네 재능을 나누어 주지 않는 거야. 그건 너 자신을 속이는 일이란다."

옆에서 아이들이 계속 떠들고 있었지만, 생각에 잠긴 헤스티아의 귀에는 아득하게만 들렸다. 헤파이스토스가 은 지팡이를 빙글빙글 돌리며 인간 세상 공로상에 대해 무슨 이야기를 하고 있었다.

"투표 줄이 하도 길어서 신전 계단을 지나 길거리까지 이어졌대."

아스카가 고개를 주억거리며 말했다.

"전부 개표하려면 밤을 꼬박 새워야 할 거야."

그때 아레스가 불쑥 끼어들었다.

"헤스티아, 이제 두 번째 케이크 먹어도 되지 않아?"

아레스도 제우스처럼 음식, 특히 달콤한 후식에 대해서는 생각이 오직 한 방향으로만 흘렀다.

"응?"

후식 아이디어에 멍하게 빠져 있던 헤스티아는 얼른 정신을 차리고 케이크를 살며시 눌러 보았다.

"응. 이제 먹어도 돼!"

헤스티아는 실험용 케이크를 잘라서 아이들에게 한 조각씩 나눠 주었다.

아레스는 케이크를 거의 흡입하더니 입안에 케이크가 가득한 채로 외쳤다.

"어아! 지궁까이 머거번 케이우 주에 채고야, 채고."

아프로디테가 케이크를 먹으려다 말고 인상을 팍 쓰며 아레스를 쳐다보았다.

"먹어본 것 중에 최고라고? 그러니까 네 생일 파티 때 내가 몇 시간을 들여서 만든 케이크보다 더 맛있다는 거지?"

아레스가 눈을 끔벅이더니 더듬거렸다.

"응? 아, 아냐! 그러니까 내 말은······."

헤스티아는 당혹스럽기만 했다.

'어머, 어쩌지? 내 요리 때문에 둘의 사이가 틀어지면 안 되는데!'

그런데 케이크를 맛본 아프로디테의 크고 파란 눈동자가 더 커다래졌다.

"어머, 세상에! 이거 지이인짜 맛있다. 어쩜 이렇게 폭신폭신하지?"

아프로디테가 씩 웃으며 헤스티아에게 말했다.

"아레스한테 케이크 만드는 법을 꼭 가르쳐 줘. 내 생일 때 만들어 달라고 하게!"

아레스는 그제야 한숨을 놓으며 대꾸했다.

"그럼, 그럼! 달걀 깨기 비법도 익혔으니 이미 절반은 배운 셈이잖아!"

그러자 아글라이아가 진지하게 말했다.

"헤스티아, 진지하게 하는 말인데, 진짜 요리 교실을 열어 주

면 좋겠어. 우리 말고도 요리를 배우고 싶어 하는 아이들이 많을 거야."

"글쎄, 그럴까?"

헤스티아는 가볍게 대답했다. 그런데 생각해 보니 안테이아와 파마도 같은 요청을 한 일이 떠올랐다.

'진짜 해 볼까?'

가능성에 대해 따져 보면 따져 볼수록, 헤스티아는 점점 신이 났다.

'일주일에 하루 정도, 저녁 식사 뒷정리가 완전히 끝난 뒤에 조리실을 쓰는 정도는 옥토 아주머니도 허락해 주실 거야. 그럼 요리 교실을 여느라 조리실 업무를 방해할 일도 없을 테니까. 한번 여쭤 봐야겠어.'

이어 세 번째 케이크 시식이 있었다. 다섯 명의 시식단은 세 번째 케이크도 맛있지만 두 번째가 최고라고 모두 입을 모았다. 설거지와 뒷정리까지 모두 마치자, 아이들은 다음날 있을 잔치 요리 준비도 기꺼이 돕겠다고 나섰다.

헤스티아는 드디어 거북이 등껍질에서 빠져나온 듯한 기분이었다.

'리사 아주머니 말이 맞아. 나한테도 이제 새 친구가 생겼어.

만약 정말로 요리 교실을 열게 되면 훨씬 많은 친구가 생기겠지. 요리 교실은 나한테도, 새 친구들한테도 더없이 좋은 기회가 될 거야!'

잔치

토요일 아침 해가 뜨자마자 헤스티아는 조리실로 달려갔다. 한시바삐 새로운 아이디어를 시도해 보고 싶은 마음뿐이었다.

'시간이 얼마 없어. 잔치는 당장 오늘 밤에 열리잖아!'

일단 헤스티아는 전날 실험에서 가장 좋은 평가를 받았던 방식으로 케이크 반죽을 만들고, 각각 지름 22센티미터, 28센티미터, 33센티미터 크기의 케이크 틀에 부었다. 케이크가 구워지는 동안 헤스티아는 설탕 쿠키 반죽을 만들어 초록색 식용 색소를 섞고 7센티미터 높이의 나무 모양으로 잘랐다. 그런 다음 오븐에서 케이크를 꺼내고, 나무 모양 쿠키 반죽을 얹은 팬을 넣었다.

이어 헤스티아는 충분히 식은 케이크에 넥타르 맛 아이싱을 발라 가며 3층으로 쌓아 산 모양을 만들었다.

헤스티아는 1차로 완성된 케이크를 저장실에 보관하고서 슈퍼 파워 슈퍼마켓으로 달려가 암브로시아 아이스크림을 샀다. 아이스크림 역시 참석자를 깜짝 놀라게 할 계획의 일부였다.

'혹시라도 실패하면 옥토 아주머니의 기대를 저버리게 되겠지. 하지만 위험을 무릅써 보겠어. 마지막 남은 목표를 이루어 낼 거야. 무조건, 무조건 성공해야 해!'

아침 식사가 끝나자 친구들이 잔치 준비를 돕겠다고 모였다. 옥토 아주머니는 아이들에게 칼날 전체를 이용해서 재료를 자르고 저미는 법을 가르쳐 주었다.

"칼을 쥐지 않은 손을 가볍게 주먹 쥐듯 해서 손가락 끝을 안으로 말고, 칼날에 평평한 손마디만 닿게 하면 손이 베이지 않는단다."

재료 준비 팀이 열심히 채소를 다듬는 동안, 아프로디테와 아레스, 그리고 그 둘이 데리고 온 몇몇 아이들이 학교 옥상 정원으로 가서 식탁을 깔고 실내 장식을 했다. 올림포스 학교 옥상 정원이 넓다 해도 최종 후보자 열한 명과 손님들이 모두 모이면 꽤 북적거릴 듯했다.

한편 조리실에서는 옥토 아주머니가 본 요리를 준비하기 시작했다. 옥토 아주머니와 소테리데스가 어렵게 합의한 요리는 바로 넥타르 소스를 발라 구운 양고기였다. 양고기와 함께 먹을 밥에는 헤스티아가 생각해 낸 향신료가 더해질 예정이었다.

헤스티아는 새 친구들이 조리실 식구에 대해 차츰 알게 되고, 고맙게 여기게 되자 말할 수 없이 기뻤다. 아글라이아가 떨어뜨린 당근 조각을 리사 아주머니가 코로 쓱 빨아들였을 때, 아글라이아와 그 옆에 있던 헤파이스토스, 아스카는 예전과 달리 질색하지 않았다.

요리 준비가 끝나자 옥토 아주머니는 어서 가서 단장하라며 헤스티아를 조리실 밖으로 내보냈다. 아글라이아, 헤파이스토스, 아스카가 음식 나르는 일도 맡기로 해서 헤스티아는 옥상 정원에서 친구들을 다시 만날 예정이었다.

옷을 갈아입으러 기숙사로 발걸음을 옮기는 동안 헤스티아는 점점 불안해졌다. 인간 세상 공로상 때문이 아니었다.

'아, 후식이 걱정이야! 마지막 마무리를 내어 가기 바로 직전에 해야 하니까, 사실상 잔치가 거의 끝나갈 때 후다닥 해야 한다는 건데. 휴, 난 인간 세상 공로상 결과보다 후식 마무리가 더 떨려!'

기숙사 방에 들어선 순간, 헤스티아는 눈앞에 펼쳐진 광경에 숨이 멎을 것만 같았다. 침대 위에 눈부시게 반짝이는 황금색 키톤이 놓여 있었다! 헤스티아는 키톤 옆에 놓여 있는 쪽지를 서둘러 펼쳐 보았다.

오늘 저녁 행사에서 이걸 입어 봐.
난 황금색이 썩 어울리는 편은 아니거든.
하지만 네가 입으면 정말 예쁠 거야.

아프로디테가.

"어머나, 고마워라!"
헤스티아는 가슴이 뭉클했다.
'이건 친구끼리 하는 행동이잖아.'
헤스티아는 너무 행복해서 그 자리에서 폴짝폴짝 뛰었다.
'나도 이제 친구들이 생겼어!'
헤스티아는 아프로디테가 빌려준 키톤으로 갈아입고서 거울 앞에 섰다. 아프로디테의 예상이 정확했다. 황금색 키톤은 헤스티아 자신이 봐도 정말 잘 어울렸다. 옷 색깔 때문에 평소에

는 잘 보이지 않던 갈색 눈동자 가장자리의 황금빛 테두리와 갈색 머리에 맴도는 황금빛 기운이 확 도드라져 보였다.

그래도 반짝이는 키톤을 입고 막상 방을 나서려니 머쓱한 건 어쩔 수가 없었다.

'이렇게 화려한 모습이 정말 나와 어울릴까?'

헤스티아는 자신을 다독였다.

'헤스티아, 위험을 무릅쓰는 거야. 투명 인간 행세는 그만두자. 이 반짝이는 키톤이 투명 인간 생활을 끝낼 기회가 되어 줄 거야. 게다가 지금은 옷보다 더 중요한 걱정거리가 있잖아. 내 특별 후식 말이야!'

헤스티아가 계단을 올라 옥상 정원에 도착했더니 마침 나머지 후보 열 명이 안으로 안내를 받아 입장하려 하고 있었다. 헤스티아는 얼른 줄 끝에 섰다.

드디어 옥상 정원에 발을 들인 순간, 헤스티아의 눈이 휘둥그레졌다. 무대를 마주하고 탁자가 반원 모양으로 배치되어 있고, 특별 초대 손님, 올림포스 학교 선생님, 인간 세상 공로상 선정 위원회 사람들, 제우스와 헤라까지 일어서서 손뼉을 치며 후보들을 맞이해 주었다.

"어머나, 예뻐라!"

줄 앞쪽에서 누가 속삭이는 소리가 들렸다. 그 말이 사실이었다. 아프로디테와 아레스가 이끈 장식담당 팀은 얼마 전 아레스의 생일 파티 때 쓰고 남은 금색과 은색 끈으로 기둥을 휘감아 옥상 정원에 화려한 분위기를 더했다. 또한 마법을 써서 열 명 후보자의 상징을 허공에 띄워 놓았는데, 귀여운 장난감 창과 몽둥이(아레스와 헤라클레스), 빛을 분산시켜 무지개를 보여주는 프리즘(이리스), 빨간 하트 모양 쿠션(아프로디테) 등이 보였다. 헤스티아의 불꽃은 모아 쥔 두 손처럼 보이는 받침대 위에 피워 놓은 예쁜 향초로 표현되어 있었다.

한편 최종 후보자들이 앉을 자리는 손님들을 마주 보도록 배치되어 있었다. 새하얀 식탁보를 드리운 기다란 직사각형 탁자에 황금 장식이 된 최고급 식기와 각 자리 주인을 알리는 이름표가 놓여 있었다. 이름표를 살펴보니 헤스티아가 가운데, 그 양옆이 아프로디테와 아테나의 자리였다.

'아, 벽화에 나온 모습 그대로 자리를 배치했구나!'

헤스티아는 접시 옆에 놓인 이름표를 집어 들었다. 아름다운 글씨로 자신의 이름이 쓰여 있었다. 헤스티아가 손끝으로 글씨를 쓰다듬자, 이름표가 "헤스티아."라고 작게 이름을 외쳤다. 헤스티아가 쿡쿡 웃자, 옆에 있던 다른 아이들도 저마다 자신의 이름표가 외치는 소리를 들어 보았다.

"이렇게 아름다운 키톤을 빌려줘서 고마워."

헤스티아가 아프로디테 쪽으로 고개를 숙이고 속삭였다.

"천만의 말씀."

아프로디테는 밑단에 화려한 러플 장식이 달린 장미색 키톤을 입고 있었다.

"황금색이 너한테 잘 어울릴 줄 알았어!"

"이렇게 마음 써 줘서 정말 고맙게 생각하고 있어. 넌 분홍색을 좋아하지만, 네 마음의 색깔은 분명 고귀한 황금색을 띠고 있을 거야."

"넌 어젯밤 네가 구워 준 초콜릿 케이크처럼 달콤한 성격을 가졌고."

헤스티아와 아프로디테는 서로를 바라보며 까르르 웃었다.

모두 자리를 잡고 앉자 곧 저녁 식사가 시작되었다. 모든 게 준비한 대로 완벽하게 흘러갔다. 딱 한 번, 아스카가 구운 양고기를 내어 오다가 자기 꼬리에 발이 걸려 넘어질 뻔한 사건이 있긴 했지만. 구운 양고기가 하늘로 붕 떠오른 순간, 다들 "헉!" 하고 기겁했지만, 고기가 아래로 떨어지려고 할 때 아스카가 몸을 날려서 쟁반을 갖다 댔다.

철퍽!

고기즙이 약간 튀었을 뿐, 모든 고기가 무사히 쟁반 위에 내려앉자 아폴론이 소리쳤다.

"철벽 수비! 창 하키 해 볼 생각 없어? 네가 들어오면 팀 전력이 엄청나게 올라갈 것 같은데?"

아스카가 싱글싱글 웃으며 대답했다.

"좋아! 창끝으로 공을 잡는 게 접시로 양고기 구이를 잡는 것보다 어려울 리가 있나!"

참석자들이 모두 큰 소리로 웃었다. 헤스티아는 아스카가 넥타르를 발라 구운 양고기를 접시에 덜어 주자 방긋 웃으며 말을 걸었다.

"꼬리는 괜찮지?"

아스카도 씩 웃으며 대답했다.

"아직은 붙어 있어."

"파마가 네 말이 들리지 않는 자리에 있어서 다행이야."

파마는 〈십대들의 두루마리〉 잡지에 기사를 쓰기 위해 특별 손님 자격으로 참가 중이었다.

아스카가 껄껄 웃으며 고개를 끄덕였다.

"그러게. 가까이에 있었으면 다음번 기사가 온통 내 얘기로

도배될 텐데 말이야."

아스카는 머뭇머뭇하더니 멋쩍어하며 헤스티아에게 다시 말을 꺼냈다.

"너 오늘 수상자처럼 보인다. 아니, 내 말은 네가 상을 받았으면 좋겠다는 거야."

이어 아스카의 볼이 발갛게 물들었다.

"야, 아스카, 빨리 고기 줘!"

몇 자리 떨어져 있는 아레스가 재촉해댔다.

"하도 배고파서 헤라클레스가 들고 있는 몽둥이라도 뜯어먹을 판이라고!"

"헉, 안 돼!"

헤라클레스는 짐짓 깜짝 놀란 표정을 짓더니 몽둥이를 보호하려는 듯 두 팔로 꼭 끌어안았다. 헤라클레스의 능청스러운 연기에 후보자 탁자에 앉은 아이들은 배를 잡고 웃었다.

"고마워."

헤스티아는 서둘러 다음 자리로 향하는 아스카에게 인사를 했다.

'확실하진 않지만 아마 나한테 예쁘다고 말해 주려 했던 것 같아. 남자아이가 나한테 그런 말을 하는 건 처음인데. 어쩌면 아스카도 여자애한테 그런 말을 하는 게 처음일지도 몰라. 그래서 그렇게 어색해했나 봐. 후훗, 어쩐지 귀엽잖아.'

드디어 식사가 끝나고 사용한 그릇도 거둬 가고 나자 헤스티아는 슬슬 불안해졌다.

'이제 후식을 마무리해야 할 텐데.'

헤스티아는 결국 행사장을 살짝 빠져나와 아래층 조리실로 향했다.

리사 아주머니가 헤스티아를 보더니 함박웃음을 지었다.

"어머나, 우리 헤스티아, 예쁘기도 하지!"

옥토 아주머니도 고개를 끄덕이며 칭찬했다.

"그래, 황금색이 정말 잘 어울리는구나."

"헤헤, 칭찬 고맙습니다."

헤스티아는 씩 웃으며 두 아주머니를 번갈아 쳐다보았다.

"그럼 시작해 볼까요?"

헤스티아는 두 아주머니의 도움을 받아 미리 만들어 둔 3층 초콜릿 케이크를 은으로 된 쟁반에 올리고, 그 쟁반을 다시 근사한 이동 수레로 옮겼다.

'자, 이제 진짜 마무리 단계야. 가장 까다로운 과정이기도 하고 말이지!'

헤스티아는 케이크 꼭대기에 그릇을 엎은 모양으로 암브로시아 아이스크림을 쌓았다. 초콜릿 케이크 산이 한층 더 높아졌다. 헤스티아가 아이스크림을 쌓는 동안 옥토 아주머니는 달걀 흰자에 설탕을 넣고 열심히 저어 하얀 거품, 즉 머랭을 만들었다. 그런 다음 다 함께 힘을 합쳐 초콜릿 케이크와 아이스크림을 하얀 머랭으로 완전히 덮었다. 케이크가 마치 눈 덮인 산처럼 보였다.

'좋았어. 내 후식은 바로 겨울의 올림포스산을 나타내거든!'

이어 헤스티아는 산꼭대기 부분을 숟가락으로 살짝 퍼냈다. 나중에 그 자리에 달걀 껍데기 반쪽을 올려놓을 작정이었다.

다음으로 헤스티아는 손바닥에 불꽃을 일으키고서 케이크 주변으로 손을 움직여가며 하얀 머랭을 그을렸다. 혹시라도 손을 너무 가까이 혹은 오래 갖다 대어서 머랭을 태우지 않게 주의를 기울여야 했다. 무엇보다 안에 든 아이스크림이 녹으면 곤란했다.

'그러면 여태 공들여 쌓은 산이 무너질 수 있단 말이야!'

다행히 케이크는 똑바로 서 있었고, 머랭은 헤스티아의 키톤과 잘 어울리는 연한 금색으로 예쁘게 잘 그을었다.

'완벽해!'

옥토 아주머니가 옥상 정원에 가서 상황을 확인하고 오는 동안, 헤스티아는 미리 마련해 둔 달걀 껍데기 반쪽을 산꼭대기의 홈에 조심스럽게 밀어 넣었다. 그런 다음 달걀 껍데기 안에 리사 아주머니가 특별히 아껴 둔 황금색 액체를 부었다.

리사 아주머니는 헤스티아가 미리 구워 둔 나무 모양 쿠키를 케이크 위에 꽂으며 감탄을 터뜨렸다.

"이야, 근사하구나. 정말로 눈이 덮인 산과 그 아래 자리한 전나무 숲처럼 보여."

"휴, 부디 맛도 좋아야 할 텐데 말이죠."

후식이 완성되자마자 옥토 아주머니는 헤스티아를 조리실 출입문으로 밀어 보냈다.

"자자, 당장 옥상 정원으로 쌩하고 달려가렴."

그때 옥토 아주머니가 잔칫상에서 걷어온 접시를 여덟 팔 가득 들고서 조리실로 들어왔다.

"헤라 님이 그러시는데, 후식을 먹기 직전에 인간세상공로상 선정위원회에서 수상자를 발표할 거라는구나."

헤스티아가 마무리 작업을 조금 더 해 볼까 싶어 미적거리자, 리사 아주머니가 대번에 눈치를 챘다.

"어서 가야지. 이 산은 우리가 딱 맞춰서 들고 가마. 후식을 보면 다들 난리가 날 거야."

"고맙습니다!"

헤스티아는 자신이 직접 후식을 가지고 가지 않아도 된다는 사실에 갑자기 마음이 놓였다.

'손님들이 이걸 먹어 보고 좋아할지 어쩔지 불안해서 아스카 같은 실수를 벌이면 어떻게 해? 아스카는 도로 받아냈지만, 난 그대로 떨어뜨려 버릴 거야!'

헤스티아가 행사장으로 올라가서 자기 자리에 도로 앉은 순간, 제우스가 축하 연설을 마쳤다.

"자, 이제 모두가 기다리던 순간이 왔소!"

잔뜩 신이 난 제우스가 행사장 모퉁이 쪽으로 눈짓을 했다. 대기하고 있던 하데스가 "두구두구두구두두두!" 하고 드럼을 치자, 인간세상공로상선정위원회의 회장이 손에 두루마리를 들고 제우스 곁으로 가서 섰다.

챙, 챙, 챙!

하데스가 연주를 마치자, 행사장 안에 기대에 찬 적막이 흘렀다.

위원장이 제우스에게 고개 숙여 인사하고서 입을 열었다.

"저희를 이렇게 멋지게 소개해 주서서 감사드립니다. 또한 올림포스 학교에서 가장 뛰어나고, 인간에게 가장 너그러운 학생들을 기리기 위해 이렇게 잔치를 열어주신 데 다시 한번 감사드립니다."

위원장은 최종 후보자와 일일이 눈을 맞추며 말을 이었다.

"여러분 모두 인간 세상에 많은 혜택을 베풀었습니다. 어제 진행된 개표 결과가 정말로 아슬아슬했다는 점을 꼭 말씀드리고 싶군요."

헤스티아는 그 소식이 전혀 놀랍지 않았다.

'지금 이 자리에 앉아 있는 아이들이 인간 세상에 해 준 일을 생각하면, 난 최종 후보에 든 것만으로도 큰 영광인걸. 열한 명 중에 유독 표를 덜 받은 아이가 없으면 좋겠어.'

위원장이 드디어 하얀 두루마리에 묶여 있는 파란색 리본을 풀었다.

'아, 서둘러 주세요. 빨리 발표하지 않으면 아이스크림이 녹는단 말이에요!'

위원장이 두루마리를 펼치더니 쓰여 있는 내용을 찬찬히 살폈다.

'아, 영원히 저러고 있는 건 아니겠지?'

헤스티아는 불안한 눈으로 옥상 정원 출입문을 바라보았다.

마침내 위원장이 고개를 들더니 빙그레 웃었다.
"제1회 인간 세상 공로상 수상자는 바로……."
위원장은 긴장을 높이려고 일부러 말을 멈추고서 후보자들을 쓱 훑어보았다. 그러자 헤스티아의 의지와 달리 심장이 갑자기 세차게 뛰기 시작했다.
'혹시 정말 내가 되면 어쩌지?'
그때 위원장이 소리쳤다.
"아테나입니다!"
헤스티아는 아주 잠깐 실망감에 젖었다.
'다른 애들도 나 같은 기분일까? 아테나는 이미 상을 많이 받았잖아. 얼마 전에는 템플 게임에서도 우승했는걸. 하지만 아테나의 놀라운 발명품이나 지혜를 생각해 보면, 우리 중 누구보다도 인간을 위해 많은 일을 해 왔어. 아테나가 공로상을 받아 마땅해.'
헤스티아는 얼른 마음을 추스르고서 아테나를 바라보며 박수를 보내고 함성을 질렀다.
위원장이 아테나에게 앞으로 나오라는 손짓을 했다. 헤파이스토스가 아글라이아의 도움을 받아 만든 멋진 황금 트로피를 수여할 차례였다. 딸을 바라보는 제우스의 눈은 기쁨으로 환히

빛나고 있었다.

'진짜 자랑스러우신가 봐. 하긴 당연한 일이야. 누가 뭐라 그러겠어?'

아테나는 트로피를 받고서 수상 소감을 몇 마디 말했다. 목소리를 들어 보니 상을 받을 줄은 정말 예상하지 못해서 진심으로 기뻐하는 듯했다.

'아테나는 저런 면이 참 대단해. 자신이 얼마나 뛰어난지 절대 자랑하거나 으스대는 일이 없어!'

아테나가 자리에 앉고, 옥토 아주머니와 리사 아주머니가 후식을 가지고 나타나자 행사장 안이 기대로 웅성대기 시작했다. 헤스티아는 재깍 자리에서 일어나 아주머니들을 도우러 갔다.

'아, 다행이다. 아이스크림이 안 녹았어. 공들여 만든 산이 무너질 일은 없겠네. 만세!'

제우스가 환해진 얼굴로 고함을 질렀다.

"후식이로군요!"

제우스가 신이 나서 두 손을 싹싹 비비자 손끝에서 불꽃이 파파팍 튀었다. 다행히 불꽃은 크게 번지지 않고 제우스가 자기 바로 앞의 빈자리를 탁탁 치는 순간 꺼졌다.

"이리 가져오세요."

목숨이 소중하다면 누구라도 신들의 제왕이자 하늘을 다스리는 자의 뜻을 거스를 수는 없는 법! 옥토 아주머니와 리사 아주머니는 제우스 바로 앞에 후식을 내려놓았다.

헤스티아는 모든 참석자가 후식을 잘 볼 수 있도록 옆으로 살짝 비켜서서 불꽃을 일으키는 주문을 외웠다. 그런 다음 머랭 산꼭대기의 달걀 껍데기를 향해 손가락을 탁 튕겼다. 곧바로 안에 든 황금색 액체에 화르르 불이 붙었다. 헤스티아가 팔을 펼칠수록 불길이 점점 세지더니 불꽃 분수가 되어 15센티미터 높이까지 치솟았다!

"오오, 훌륭해요!"

제우스, 헤라와 같은 탁자에 앉아 있던 소테리데스가 감격해서 소리치자, 옥토 아주머니는 보란 듯이 환하게 웃었다.

'휴! 옥토 아주머니가 나 때문에 체면을 구기지 않아서 다행이야.'

불꽃이 쉬지 않고 솟아오르자, 행사장 한쪽에서 누군가가 외쳤다.

"우와, 화산이다!"

반대편에서 다른 누군가가 소리쳤다.

"아니지, 저건 올림포스산이야!"

그러자 제우스가 버럭 고함을 질렀다.

"어서 먹기나 하자꾸나!"

그 말을 기다렸다는 듯 "앗싸!" 하는 함성과 기뻐하는 박수 소리가 옥상 정원에 가득 찼다.

불꽃이 사그라들자, 리사 아주머니가 앞으로 나오더니 헤스티아에게 케이크 칼을 건네주며 속삭였다.

"잘했어! 네가 정말 자랑스럽구나."

"고맙습니다."

헤스티아는 입가에 웃음꽃이 피는 걸 느낄 수 있었다.

'이쯤이면 다섯 번째 목표도 해낸 거겠지? 위험 무릅쓰기! 드

디어 완료!'

아스카와 아글라이아를 비롯해 식사 준비에 자원한 아이들이 은 접시를 가지고 와서 헤스티아가 잘라 준 케이크를 손님들에게 부지런히 날랐다. 인간 세상 공로상 수상자로서 첫 번째 조각을 받은 아테나가 한 입 먹어 보더니 소리쳤다.

"진짜, 진짜, 지인짜 맛있어!"

두 번째, 세 번째 조각은 제우스와 헤라의 차지였다.

"이런 신통방통한 맛이 있나!"

제우스는 하도 서두르느라 옷에 빵 부스러기를 줄줄 흘려 가며 거의 접시째 삼킬 기세로 케이크를 먹었다.

케이크가 차례차례 나갈 때마다 행사장 곳곳에서 감탄이 터져 나왔다.

"환상적이에요!"

"흠잡을 곳 없군요!"

"이렇게 맛있을 수가!"

"이 후식은 이름이 뭐니?"

헤라가 제우스에게 살며시 냅킨을 건네며 헤스티아에게 물었다.

'엉? 이름?'

헤스티아는 순간 당황했다. 지금까지 늘 새로운 요리를 생각해낼 때마다 이름을 붙였는데, 하도 서두르느라 이 후식의 이름은 생각해 볼 틈이 전혀 없었다. 헤스티아는 얼른 들어간 재료를 꼽아 보았다.

'초콜릿 케이크, 머랭, 넥타르 맛 아이싱, 암브로시아 아이스크림. 그리고 특수 효과를 위한 불꽃. 아, 그거야!'

헤스티아가 차분하게 대답했다.

"타오르시아요."

"예?"

조금 떨어진 자리에서 누가 되물었다.

"뭐라고요? 안 들려요. 뭐라고 했어요?"

헤스티아는 어깨를 쫙 펴고 자신 있게 더 큰 목소리로 대답했다.

"이 후식 이름은 타오르시아예요!"

헤라가 방긋 웃으며 고개를 끄덕였다.

"완벽한 후식에 어울리는 완벽한 이름이로구나."

헤라는 타오르시아를 다시 한 입 먹으려다 멈칫하고서 헤스티아를 바라보았다.

"혹시 요리법을 알려 줄 수 있니? 나도 한번 만들어 보고 싶

구나."

그 말에 가장 반가운 반응을 보인 이는 역시 제우스였다.

"오, 사랑하는 여보! 정말 좋은 생각이구려!"

"그럼요. 기꺼이 알려 드릴게요."

대번에 너도나도 요리법을 알려달라고 법석이 일어났다. 그러자 파마가 벌떡 일어나서 공지 사항을 전했다.

"여러분, 타오르시아 요리법은 〈십대들의 두루마리〉 잡지에 새로 연재될 요리 칼럼 '헤스티아, 집밥의 여신'에 첫 번째 주제가 될 거에요. 다음 호를 기대해 주세요!"

파마의 입에서 구름 글자가 둥실둥실 떠오르자, 먼 자리에 앉아 있는 손님도 소식을 바로 접하고서 환호성을 질렀다. 헤스티아는 파마와 눈이 마주치자 입 모양으로 '고마워!'라고 말했다. 예전만큼 수줍음을 타지 않는다고 해도 파마처럼 소식을 전해 줄 홍보 대사가 있다는 건 확실히 큰 도움이 되었다.

상황이 어느 정도 정리되자 모두들 다시 바쁘게 포크를 움직이기 시작했다. 모두에게 후식을 나눠 주고, 제우스의 두 번째 접시 요청에 따라 케이크를 한 번 더 잘라 준 뒤, 헤스티아는 자기 몫을 덜어서 자리에 앉았다.

'이번 주는 정말 대단한 한 주였어. 인간 세상 공로상 최종 후보에 뽑혔고, 사람들이 공동 화로를 얼마나 고맙게 여기는지도 알게 되었고, 다섯 가지 목표도 이루었고, 무엇보다 새 친구가 생겼잖아!'

그 밖에도 헤스티아는 요리 칼럼을 쓰게 되었으며, 학교에서 요리 교실도 열 예정이었다. 옥토 아주머니는 학생들이 뒤처리를 깔끔하게 한다면 조리실을 써도 좋다고 허락해 주었다.

리사 아주머니가 떠나게 되어 섭섭한 마음이 크지만, 아주머니가 새로운 도전을 해 보려 한다면 그것 역시 기쁘게 받아들일 일이었다.

'솔직히 리사 아주머니가 일하게 될 새 식당에 얼른 가 보고 싶어서 슬슬 안달이 나는걸.'

한편, 아글라이아가 헤스티아에게 요리 교실 안내 포스터를 만들어서 신청 용지와 함께 사물함 옆 게시판에 붙이자고 제안했다.

'어쩌면 숨은 요리 실력자를 발굴하게 될 수도 있잖아. 그리고 그만큼이 아니더라도 기본 요리법은 누구든 알아 놓아서 손해날 일이 없으니 누구에게든 도움이 될 거야. 예를 들어 한 손으로 달걀 깨는 법 같은 것 말이야.'

헤스티아는 혼자 빙그레 웃으며 다짐했다.

'리사 아주머니가 떠나도, 그라이아이 선생님이 말한 것처럼 내 빛을 계속 드러낼 거야. 그래. 위험은 늘 있어. 실패할 수도 있고, 창피를 당할 수도 있지. 하지만 늘 안전한 방식으로만 사는 것도 위험하기는 마찬가지야. 그러다 수많은 좋은 경험을 놓칠 수 있으니까. 삶이란 직접 맛을 봐야 하는 요리 같은 거로구나!'

헤스티아는 요리 생각이 난 김에 타오르시아를 한 입 베어 물고 눈을 살며시 감았다.

'아, 맛있다!'

옮긴이의 말

    지금까지 〈올림포스 여신 스쿨〉 시리즈에는 다양한 주인공이 등장했습니다. 저마다 고민과 어려움이 있지만, '우리 학교에 저런 애가 있었나?' 싶을 정도로 존재감 없는 인물은 없었지요. 그래서 저는 《올림포스 여신 스쿨 18: 부끄럼쟁이 헤스티아》를 처음 읽었을 때 충격에 가까운 감동을 받았습니다. 학교란 곳에는 좋은 면으로든, 나쁜 면으로든 눈에 띄는 아이만 있지 않다는 것, 우리 주변에는 조용히 자기 삶을 가꾸어가는 친구들이 더 많다는 걸 새삼 깨달았기 때문입니다.

    아마 우리 독자 중에서도 '가디스 걸스' 네 명처럼 학교에서 최고로 인기 있거나, 파마처럼 쉴 새 없이 여기저기 쑤시고 다니는 친구보다는 헤스티아처럼 조용히 두건을 쓰고 혼자 좋아하는 일을 하거나, 마음이 통하는 한두 명하고만 어울리는 친구들이 더 많을 거예요. 헤스티아 편은 그런 여러분을 위한 이야기입니다. 조용하고 눈에 띄지 않더라도 다 귀한 사람이고, 저마다의 이야기를 지니고 있으니까요.

    그런데 혹시 이런 질문을 던지는 독자가 있을지도 모르겠네요.

'그럼 나도 헤스티아처럼 나 자신을 바꿔야 하나요?'

아니요. 그렇지는 않습니다. 지금 여러분이 여러분의 생활에 만족하고 기쁨을 얻고 있다면 그대로도 좋아요. 그런데 혹시 여러 가지 이유에서 헤스티아처럼 변화를 원한다면 시도해 보는 것도 좋겠지요. 이야기 속에서 볼 수 있듯이 헤스티아는 변화를 시도하다가 생각지 않은 어려움에 빠집니다. 맞아요, 변화란 늘 단단한 결심과 단호한 한 걸음을 요구한답니다. 여러분도 자신의 빛을 감추지 않고 세상에 조금씩 드러낸다면 그 빛을 알아보고 다가오는 친구들이 생길 거예요. 여러분이 드러낸 빛이 세상을 따뜻하게 데우는 날을 기대합니다.

옮긴이 **김경희**

지은이 조앤 호럽, 수잰 윌리엄스

조앤 호럽은 문예상을 받은 작가로, 지금까지 어린이 독자를 위해 125권이 넘는 책을 썼다. 대표작으로는 《샴푸》, 《마멋 날씨 학교》, 《개는 왜 짖을까?》 그리고 《인형 병원》 시리즈 등이 있다. 책에서 새로운 생각 얻기를 좋아한다는 점에서 네 명의 소녀 신 중 아테나와 가장 비슷하지 않나 하고 생각한다.

수잰 윌리엄스는 어린이를 위해 30권이 넘는 책을 썼고, 문예상 수상 작가이다. 대표작으로는 《책벌레 릴》, 《엄마가 내 이름을 모른대요》, 《우리 집 강아지는 부탁할 줄을 몰라》, 《과일 공주》 시리즈, 《꽃봉오리 요정》 시리즈가 있다. 남편 분 말로는, 수잰 선생님은 귀찮은 질문(주로 왜 컴퓨터가 제대로 안 돌아가는지에 관한 질문이라고 한다)을 하는 판도라랑 비슷한 편이라고 한다. 물론 판도라는 절대로 컴퓨터를 쓸 일이 없겠지만.

옮긴이 김경희

초등학교 때 다른 아이들이 텔레비전을 보는 동안 《그리스 로마 신화》, 《일리아드》, 《오디세이아》, 《플루타르크 영웅전》을 줄줄 외울 정도로 읽고 또 읽었다. 제일 좋아하는 여신은 사냥의 신 아르테미스였는데 정작 본인은 운동에 영 소질이 없었다. 그래서 헤라클레스처럼 열두 가지 모험을 하고, 올림포스산에 가 보고 싶었지만 엄두도 낼 수 없었다. 그런데 지금은 어린이 독자를 위해 《올림포스 여신 스쿨》 시리즈를 번역하면서 신나는 모험을 하는 중이다. 혹시 《올림포스 여신 스쿨》 시리즈가 끝나면 제우스의 초청을 받아 올림포스 학교에 가게 될지도 모른다며 두근두근 기대하고 있다.

18 부끄럼쟁이 헤스티아

초판 1쇄 인쇄 2020년 6월 10일
초판 1쇄 발행 2020년 6월 22일

지은이 조앤 호럽, 수잰 윌리엄스 | **옮긴이** 김경희 | **그린이** 싹이

펴낸이 양원석 | **책임편집** 조시연
디자인 강소정, 김미선 | **마케팅** 윤우성, 박소정

펴낸곳 (주)알에이치코리아
주소 08588 서울시 금천구 가산디지털2로 53, 20층(한라시그마밸리)
편집문의 02-6443-8921 | **도서문의** 02-6443-8800 | **팩스** 02-6443-8959
등록 2004년 1월 15일 제2-3726호

ISBN 978-89-255-3672-9 (74840)
ISBN 978-89-255-4737-4 (세트)

어린이제품 안전특별법 표시 사항
제품명 도서 | **제조자명** (주)알에이치코리아 | **제조국명** 대한민국 | **전화번호** 02)6443-8800
주소 서울시 금천구 가산디지털2로 53, 20층(한라시그마밸리)

※ 값은 뒤표지에 있습니다.
※ 맞춤법과 띄어쓰기는 국립국어원의 기준에 따랐습니다.
※ 잘못된 책은 구입하신 곳에서 바꾸어 드립니다.
⚠ 책 모서리가 날카로워 다칠 수 있으니 사람을 향해 던지거나 떨어뜨리지 마십시오.

알에이치코리아 홈페이지와 블로그, SNS에서 자사 도서에 대한 더 많은 정보와 이벤트 혜택을 확인할 수 있으며, 전자책도 만나볼 수 있습니다.

홈페이지 http://rhk.co.kr | http://ebook.rhk.co.kr **페이스북** https://www.facebook.com/rhk.co.kr
블로그 http://randomhouse1.blog.me   **유튜브** http://www.youtube.com/randomhousekorea
주니어RHK 포스트 https://post.naver.com/junior_rhk   **인스타그램** @junior_rhk